Wachter/Weinreb

BIBLISCHE PORTRÄTS

EMIL WACHTER

BIBLISCHE PORTRÄTS

mit Texten von

FRIEDRICH WEINREB

Herausgegeben und eingeleitet von Christian Schneider

THAUROS

Die in kleiner Schrifttype den Bildern gegenübergestellten Zitate
aus der Heiligen Schrift und der jüdischen Überlieferung wurden vom Herausgeber
ausgewählt und zusammengestellt.
Mit »SAGEN DER JUDEN« gekennzeichnete Sätze sind
der Sammlung Micha Josef Bin Gorions entnommen, die seit 1962 im
Insel-Verlag, Frankfurt am Main, erscheint.

Der Verlag und die Autoren danken allen an der Herstellung dieses Buches
beteiligten Mitarbeitern für ihre handwerkliche Sorgfalt, namentlich
Gianpaolo Salvadoretti und Giovanni Zanotto von EUROCROM, Treviso,
für die hervorragenden Reproduktionen,
Ludwig Riedl von Partner Satz, Ingolstadt, für die qualitätvollen Satzarbeiten.

1. Auflage

Typografie Rudolf Paulus Gorbach
Herstellung Gorbach GmbH Gauting
Lithografie EUROCROM 4 Treviso
Fotosatz Partner Satz Ingolstadt
Druck Druckerei Appl Wemding
Bindung Grimm & Bleicher München
Printed in Germany
ISBN 3-88411-016-0

INHALT

Christian Schneider

DAS BILD IM HEILIGEN

Dem Bildnis, wie wir es in seiner Vielfalt und Wandlung durch die Jahrhunderte europäischer Kunstgeschichte kennen, glückt es manchmal, eine andere, jeder Darstellung entzogene Welt durchschimmern zu lassen. Ich denke hier an einige Selbstporträts Rembrandts; möchte aber gleich die Nennung eines so illustren Namens durch ein, wie ich glaube, viel zu wenig beachtetes Phänomen relativieren. Für ein derartiges Erlebnis nämlich scheint mir die Lebensweise und -situation des Betrachters fast eher ausschlaggebend als der sogenannte Kunstwert des Bildes. Man kann es an sich selbst bemerken: Wie oft steht man nicht dem gewaltigsten Ausdruck des Ewigen im menschlichen Antlitz unbeteiligt und unbetroffen gegenüber, während in gewissen Momenten schon das Lächeln eines Putto auf einer Ansichtspostkarte zum Einfallstor in die andere Welt wird.

Es geht also um Beziehung. Von manchem Augenpaar in der Bildergalerie fühlt sich der Betrachter durchschaut; bei anderen Köpfen findet er in Pose und Gesichtsausdruck die Lebensart und das Ideal einer ganzen Epoche verdichtet und durchschaut nun seinerseits die Fassade. Dieses Wechselspiel des Wer-schaut-eigentlich-wen-an? bestimmt weitgehend Reiz und Wirkung guter Porträts. Aber beim weltlichen Porträt bleibt dabei alles fast immer innerhalb unserer Reichweite. Gibt es auch das Bildnis, das vom Durchbrechen dieses beschränkten Umkreises lebt?

Mag sein, daß heute, wo die Photographie die Malerei in mancher Hinsicht befreit hat, heftig vom Durchbruch ins Andere geträumt wird. Viele Porträts der Gegenwartskunst machen das überdeutlich, allerdings im Ausdruck eines negativen Vorzeichens. Sie dokumentieren, manchmal erschreckend, die trübe Quelle, aus der die scharfsichtigen Zerteilungen kommen.

Umso größer ist das Staunen und die Freude, auf einen Künstler zu treffen, dem von der unerschöpflichen Anziehung, die das Heilige auf ihn übt, Kunde zu geben, fast Naturbedürfnis ist. Unvergeßlich bleiben mir einige Stunden in Emil Wachters Atelier, in denen zahllose Gesichter-Varianten vertrauter und wenig bekannter biblischer Namen in Form von Skizzen, Zeichnungen, Aquarellen, Gouachen, Lithographien oder Ölbildern vor meinen Augen vorüberzogen.

Wachters Bildnisse legen nicht fest. Gesichtszüge treten aus einer unsichtbaren Tiefe jenseits aller Darstellungsmöglichkeiten zögernd, aber auch rätselhaft bestimmt, hervor. Eigentlich werden sie erst durch die Beziehungssuche des Betrachters zum Gesicht versammelt. So verstehe ich den Begriff »biblische Porträts«, den Wachter wohl geprägt, jedenfalls unnachahmlich mit Leben erfüllt hat. Das Innere – unser Inneres – zeigt sein Antlitz. Jedes seiner biblischen Porträts ist eine Station auf dem Weg zum Ich. Im weltlichen Porträt erkennt man sich als Individuum in der Welt, im biblischen als Mensch, der von der Quelle der Ewigkeit genährt lebt. In solchem Erkennen ist der Mensch mit seinem *ganzen* Leben einbezogen.

Wie können Bilder das auslösen? Wenn sie alles Äußere nur aufbieten, um den Blick ins Innere zu lenken. Dort öffnet sich eine fremd-vertraute Landschaft. Wer sie betrachtet, könnte etwas von der Quelle seiner Stimmungen vernehmen. Geben sich uns die Personen der Bibel – Personen im Heiligen! – nicht vor allem in den Stimmen unseres Innern zu erkennen?

Im Ausdruck eines Bildnisses lebt sein Ursprung. Es ist ein verborgener, eben deshalb aber aus dem Labyrinth führender Faden, der den Ursprung des Bildes mit dem Innern des Betrachters verbindet. Der Bildkraft des Künstlers entspricht die Schöpferkraft des Betrachters. Es ist eine Einheit, die durch des Künstlers Demut und des Betrachters Schöpfertum bewirkt wird.

Ähnlich erwecken die Geschichten der Bibel das Schöpferische des Menschen. Jeder Name einer biblischen Person, so zeigt es uns Friedrich Weinreb, erzählt von unserem eigenen Innern, unserem Leben und Erleben in der Prägung des Heiligen. Der Ort biblischer Entfaltung sind wir selbst. Es geht auf diesem Schauplatz um unser eigenes Leben, und nicht um irgendwelche Nomadenstämme und Völker einer fernen Vergangenheit.

Wenn Weinreb aus dem Reichtum jüdischer Überlieferung zu erzählen beginnt, fangen die biblischen Gestalten an zu leben. Wo atmen, lieben, kämpfen sie dann? In uns. Da fallen die historischen und geographischen Attrappen, an denen manche Theologengenerationen herumkonstruiert haben, ganz von selbst in sich zusammen. Die zeitlose Gegenwart, die alle Zeiten in sich birgt, wird Ereignis. Nah ist uns dann Esau, Jaël oder David. In dieser Nähe kann es dann aber auch geschehen, daß wir die Königswürde eines David anzunehmen uns nicht zutrauen. Wer bin *ich* schon?, fragt man sich zweifelnd und – verliert die Beziehung.

Das eben gar nicht Zeitverhaftete biblischer Personen ist in Wachters Porträts der Ausgangspunkt innerer Anschaulichkeit. Damit erreichen sie uns dort, wo Gewecktsein lebenswichtig ist. In dieser Wachheit ist das Heilige Wirklichkeit, während es im Rausch historischer und archäologischer Beweise abstirbt.

Wachters biblische Porträts und Weinrebs biblische Miniaturen wollen Betrachter und Leser als Menschen »im Bild und Gleichnis Gottes« berühren. Das könnte jene Selbsterfahrung auslösen, nach der heute ein so großes Bedürfnis besteht. Denn man möchte sich doch an der Wurzel, im Kern kennenlernen. Dort müßte auch alles unerklärbare des Lebens miteinbeschlossen sein, denn unser Ich, das spüren wir, ist ein unbekanntes Ich.

Geschichten und Gestalten der Bibel sind so in unser Inneres verwoben, daß wir uns – nach der Kraft und Tiefe unserer Einsicht – in ihnen wiederfinden. Ja, sind sie nicht sogar auf der Suche nach uns? Müßten wir uns von ihnen vielleicht finden lassen? Das könnten beglückende Begegnungen sein! Unsere Zuwendung brächte sie erst zum Leben, und ihr Auf-der-Suche-sein nach uns ließe uns leben!

Der Sinn biblischer Porträtkunst ist es, das reiche – in diesseitiger Hinsicht vollkommen widersprüchliche – Leben unseres wahren Ichs sichtbar werden zu lassen. Staunend sehen wir dann, daß immer weniger uns fremd ist. Wir finden zu uns im Maße, wie wir die wunderbare Konfiguration der Schöpfung, die nichts aus-, sondern alles einschließt, kennen und lieben lernen. Dazu kann nur ein Künstler Wege weisen, der in jenem Staunen und jener Freude schafft, die in Farben und Formen oder Worten auszudrücken ihm Lebensinhalt ist. Und wenn eine solche Lebensweise in Bildern oder Büchern überfließt, dann kann es auch geschehen, daß Gesichter oder Sätze durchlässig werden, und Spuren des Ewigen sich zeigen.

Die Heilige Schrift könnte uns wieder nah und vertraut werden, wenn wir die Personen und Geschehnisse, von denen sie erzählt, im Kern unseres eigenen Lebens wiederfänden. Daß und wie dies möglich ist, bezeugen eindringlich Weinrebs biblische Miniaturen. Es sind Früchte einer Lebensweise, bei der das Heilige im alltäglichen Umgang ständig von neuem und glücklichmachend erfahren wird. Sprechend und wirklich viel sagend ist das Bild im Heiligen, wenn wir es in unser tägliches Leben zu übertragen, zu übersetzen vermögen. Dazu bedarf es weder spezieller Kenntnisse noch mühsamer und komplizierter Studien. Tatsächlich aber haben Friedrich Weinrebs bahnbrechende Publikationen auf diesem Gebiet Neuland erschlossen. Sie ermöglichen es jedem, die Überlieferungen zur Bibel in der Sprache unserer Zeit kennenzulernen und lebendig zu erhalten. Welche Schätze, welche Quellen der Einsicht dadurch erschlossen werden, ist unabsehbar und in seiner Tragweite einmal dem Ereignis der Kernspaltung verglichen worden.

Dieses Buch möchte auch als ein Beispiel erfahren werden, wie man sich Personen und Geschehnissen der Bibel erlebend und verstehend nähern kann, oder anders ausgedrückt: Wie diese sich uns nähern und Einlaß finden können. Stehen sie nicht weitgehend noch vor der Tür, ausgesperrt von exegetischen Konstruktionen, an historisierende Bedeutungslosigkeit festgenagelt, gleichsam tot und unverstanden?

Das Buch kann nur einen winzigen Ausschnitt eines unendlichen Reichtums an lebendigen Facetten zeigen. Es ist aber ein Ausschnitt, der seine Form als Frucht einer lebhaften und intensiven Begegnung fand. Die sich in diesem Buch, aus ganz verschiedenen Richtungen kommend, treffen – der Maler, der Autor, der Herausgeber –, bewegt, jeden auf seine Art, das Bild im Heiligen: Wie ist es ins Leben übersetzbar, im Leben erfahrbar, leitend und richtunggebend?

Eine unserer Antworten ist nun dieses Buch. Möge es vielen Lesern fruchtbare Fragen und fruchtbare Antworten bringen, vor allem aber die Freude weitertragen, die wir während der Arbeit daran hatten!

Friedrich Weinreb

BIBLISCHE MINIATUREN

Man kann die Bibel als eine Art Weltgeschichte lesen. Sie ist dann eine Faktensammlung aus »früheren Zeiten«, gemischt mit verschiedenen Auffassungen über Moral, Ethik, Politik, Gesellschaft. Man erhält dabei den Eindruck, sie hebe gewisse Völker oder Religionen hervor, fördere ein elitäres Bewußtsein. Mitteilungen, sogar Forderungen von Willkür und Grausamkeit muß man dann einfach schlucken. Entweder man gehört zu denen, die das alles mit anderen tun können, oder man fühlt sich von dieser geschichtlichen Elite ausgeschlossen, kritisiert herum und konstruiert sich womöglich zu einer neuen Elite. Die Bibel ist dann eine peinliche Angelegenheit. Gewisse Leute brauchen sie. Zum Beispiel solche, die unter Minderwertigkeitsgefühlen leiden, oder die, welche das Bedürfnis haben, in der Welt mitzuteilen, wie gut und genau sie alles wissen. Möglicherweise handelt es sich bei diesen und jenen um die gleichen.

Dann gibt es Leute, die bei aller Unsicherheit im Leben eine Pseudo-Sicherheit im Vagen suchen. Sie nennen es manchmal Esoterik, manchmal Religion, manchmal Psychologie, und sie finden in der Bibel genügend Stellen, welche die Richtigkeit ihrer Auffassungen belegen.

Dies alles ist aber meines Erachtens eine Lästerung des Heiligen, eine Sünde wider den heiligen Geist. Man mißhandelt damit die Bibel, man haßt eigentlich Gott. Für mich ist die Bibel heilig, ewig, jenseits des Profanen. Wir selbst leben doch auch nicht nur eine gewisse Zeitspanne. Wir leben an erster Stelle ewig, und dadurch leben wir auch in der Zeit. Es wäre eine Umkehrung aller Werte, wenn wir unser Leben in dieser Zeitspanne mit dem ganzen Leben gleichsetzten. Es nähme aber auch der Schöpfung und der Welt in Zeit und Raum allen Sinn, wenn wir unser Leben nur im Ewigen, nur im Jenseits, nur im Nach-dem-Tod sähen. Wie ich es im Leben erfahren habe, geht es um eine Begegnung des Heiligen mit dem Profanen, und dann um das Kennenlernen beider Seiten im eigenen Leben und im Leben der Welt. Mit dem Kennenlernen kommt die Liebe, weil man entdeckt, wie einsam der andere ist, wie er gerade dich und mich braucht. Und von

Anfang an weiß man schon, wie einsam man selbst ist. Gesellschaft machen kann man sich nur, solange man hier in der Zeitspanne seines Lebens lebt. Und seinen Weg in die andere Welt geht jeder Mensch allein. Sehr einsam also ist man, so einsam wie jeder andere.
Wenn dann der Begriff der Liebe zu dämmern beginnt, kommt der Traum der Ehe. Ehe zwischen Heiligem und Profanem, zwischen Himmel und Erde, zwischen Gott und Mensch, zwischen Ewigem und Zeitlichem. Das Ewige, indem es sich mit dem Zeitlichen verbindet, heiligt das Zeitliche und gibt ihm vom Atem des Ewigen.
Wir spüren ganz gut unsere Machtlosigkeit, wenn wir vom Zeitlichen her das Ewige erreichen wollen. Im besten – und schlimmsten – Fall gehen wir im Ozean der Unendlichkeit unter. Der Mensch kann nicht Gott machen; er endet in einem solchen Fall in Vielgötterei. Er weiß aber, daß Gott zu ihm kommen könnte.
Wir können keinen Traum planen, der Traum kommt zu uns, »wie ein Dieb in der Nacht«. So weiß man, daß aus den Worten der Bibel als Worte Gottes das Geschehen der Welt gelenkt wird. Das Heilige schenkt seinen Atem, seine Seele dem Zeitlichen und erhebt es dann in das Ewige. Der Mann erfüllt die Frau, und sie trägt dann die Frucht dieser Begegnung.
So sind die Geschichten der Bibel für mich nicht Geschichten, »wie es in früheren Zeiten einmal war«. Damit leugneten wir den Samen des Ewigen im Leben. Die Bibel erzählt davon, wie Gott die Welt und ihre Entwicklung sieht. Deshalb spricht man vom »heiligen Geist«, der die Worte der Bibel in die Welt bringt.
Es gibt auch »böse Geister«. Von ihnen gehen andere Erzählungen aus. Wie man das unterscheidet? Ich glaube, wenn man etwas von Liebe, von der Liebe um des anderen willen spürt, dann unterscheidet man auch. Eine Formel, eine Technik, wodurch man es feststellen könnte, schaltete die Liebe aus. Der Liebende findet sein Gegenüber, indem er liebt. Das ist das Geheimnis der Liebe. Davon aber redet man nicht, denn ein Geheimnis lebt nur, wenn es keusch bewahrt bleibt.
Die Bibel als Heiliges kann man deshalb nur in seiner eigenen Intimität erkennen. »In deinem Herzen, in deinem Munde.« Nicht in räumlicher Distanz, nicht »jenseits der Meere«, nicht in einem abstrakten, kalten Begriff: »Wer wird in den Himmel steigen?« Die den Turm zu Babel bauten, wollten in den Himmel steigen. Ich suche nach dem Heiligen nicht in der Weltgeschichte oder in nationalen Geschichten. Dort stößt man am Ende doch immer nur auf Affen oder andere

Primitive. Ich frage mich vielmehr, wo die Mythen, die Sagen, die Legenden herkommen. Ich glaube, daß der Mensch von Gott kommt. Seien wir also wieder Kinder Gottes.
Wir können dann auch versuchen, die Worte Gottes in unseren verborgenen, scheu aufbewahrten Träumen vom Leben, vom ewigen Leben, wiederzufinden. Dann ist es einfacher, das in der Bibel beschriebene Geschehen als intimes, verborgenes Weltgeschehen zu erfahren. Was auch gute Beobachter von früheren Zeiten uns sagen könnten –, wer weiß, auf welcher Seite des Geschehens sie standen, wer weiß, ob sie sich nicht objektiv geirrt haben, wer weiß, ob man ihre Mitteilungen nicht später korrumpiert, geändert oder angepaßt hat? Und wie wußten sie so genau, was Gott gesagt oder gedacht hat? Wie konnten sie Gespräche aus jenen Tagen so quasi-exakt wiedergeben? Haben sie mitstenographiert? Es wäre zum Verzweifeln, wenn man von all dem Beweisempfindungen erwarten wollte!
Wenn ich aber einmal von Liebe geträumt habe, spüre ich, daß es hier um etwas ganz anderes geht, spüre und weiß ich, daß es sich um ein Geschenk eines vollkommen Liebenden handelt. Ein Geschenk, weil ich mich selbst mehr und mehr darin zurückfinde, und die Welt und die Menschen in all dem wiedererkenne. Es ist kein Kunstwerk, sondern ein Liebes-, ein Verlobungsgeschenk, worin ich mich spiegle und die ganze Welt und die Ewigkeit sehe. Vom Zentrum meines Ichs kann ich mich in Liebe hingeben. Auf einmal lebt die Geschichte der Welt, weil sie zu mir in Beziehung steht, und ich lebe, weil ich fühle, wie ich zur Welt in Beziehung stehe. Liebesbeziehung.

Als ich Emil Wachters biblische Porträts sah, hat es mir gleich gefallen, daß Wachter nicht versucht hat, in historisierender Weise orientalische Gestalten abzubilden, als die man sich die biblischen Figuren gern vorstellt. Von Wachter selbst erfuhr ich, daß er einfach nur Köpfe gemalt oder gezeichnet hat, hunderte, vielleicht tausende. Und erst viel später, als er in seiner Köpfe-Sammlung blätterte, fiel ihm ein: das ist ja Mose, das Hiob, das David usw. Diese Absichtslosigkeit ist mir nahe. Ich mag das Gezielte, die »Leistung« konzentrierter Meditation nicht.
Als ich dann die biblischen Namen las, die unter den Bildern standen, bekam ich Lust, eigene kleine Porträts auf meine Art zu entwerfen. Ich nannte sie »Biblische Miniaturen«, wobei ich vielleicht unbewußt an Strindbergs »Historische Miniaturen« dachte.

Es geht doch um Leben aus der Bibel. Und die Bibel ist heilig, sie ist Kern, verborgener, aber deshalb ewiger Kern meines Lebens. *Ich* bin der, *ich* bin jener, *ich* selbst bin es doch an erster Stelle. Und von dorther sehe ich die Welt. *Ich* bin Gottes Kind, und so begegne ich andern Menschen als Kindern Gottes. Die Bibel steht mir nicht abstrakt, fremd, gegenüber. Sie ist nicht ein Produkt von Redaktoren oder von Kirchenvätern. Sie ist das *Wort* mit allen seinen Konsequenzen.

So kam dann mein Zeichnen. Zeichnen aus dem Wort, Zeichnen mit dem Wort. Die Buchstaben heißen doch auch »Zeichen«. So wurden die Namen, die Emil Wachter seinen Porträts gegeben hatte, zum Anlaß für meine Miniaturen. Ich bezog mein Leben auf das Leben dieser Menschen – Menschen im Ewigen, im Heiligen – in der Bibel. Denn die Bibel ist in mir. Ich habe diese Rolle gegessen, in mich aufgenommen. Dadurch kam meine Beziehung zur Welt. Ich bin nicht das, was von mir erscheint. Ich bin etwas anderes, ich bin ein Bündel Leben. Und diese Miniaturen sind die einzelnen Garben dieses Bündels, die einzelnen Halme.

In den Miniaturen habe ich alles sehr konzentriert und sehr komprimiert beschrieben. In manchem Satz stehen Mitteilungen, wozu sonst ein ganzes Kapitel notwendig wäre. Die Beschränkung brachte meinem Schreiben eine große Dichte. Aus jeder Miniatur könnte ich eine lange Bilderreihe schreiben, ein Museum damit füllen, viele Bücher. Manche dieser Bücher gibt es schon und viele Tonbandkassetten.

Ich hoffe sehr, daß man bei mir nicht geschichtliche Tatsachen sucht, Historisches, Momentbedingtes. Meine Geschichte ist die Ewigkeit; sie war, sie ist und sie wird sein.

Die Auswahl der Miniaturen war vorgegeben. Ein Zufall –, der aber doch bewirkte, daß ein Ganzes entstand. Ein Porträt von mir, ein Porträt meiner Welt, ein Bild der Bibel, wie sie in jedem Menschen lebt, das heißt: leben könnte.

Vielleicht kann man die Texte auf sich einwirken lassen, indem man sie liest und dann vergißt. Sie kommen zurück wie Saat, die man in die Erde gibt, wo sie unsichtbar wird, vergessen; aber dann, nach der langen Nacht, wachsen sie auf einmal hervor, die Pflanzen, die Blumen. So wirkt die Bibel. Sie fragt nicht nach einer Analyse der Saat. Sie will in jeden Menschen hineingehen und in seinem Leben, seinem Verhalten hervorkommen. Das Feld duftet dann herrlich. Wir gehen durch die Felder und Wiesen, unser Weg führt uns hindurch. Diese Miniaturen gehören zum Duft des Weges.

Emil Wachter

BIBLISCHE PORTRÄTS

Friedrich Weinreb

BIBLISCHE MINIATUREN

Und es sprach Kain zu dem Ewigen: Zu groß ist meine Strafe, um sie zu ertragen.
1 MOSE 4, 13

In dieser Stunde entströmten Tränen Kains Augen, und er sprach vor Gott: »Wo soll ich hingehen vor deinem Geist? und wo soll ich hinfliehen vor deinem Zorn? Führe ich gen Himmel, so bist du da. Bettete ich mich in der Hölle, siehe, so bist du auch da. Trüge ich Flügel der Morgenröte und wollte am äußersten Meer ruhen, so würde mich doch deine Hand ereilen und deine Rechte mich festhalten.«
SAGEN DER JUDEN

Sie ist eine Unverschämtheit, diese Welt! Nichts stimmt, – dabei möchte man es ihr doch so schön machen, so recht! Wieviel Mühe wende ich nicht auf, meinen Kindern eine gute Erziehung zu geben; aber sie gehen ihre eigenen Wege. Wege, die ich nicht kenne, die aber nur in einer Katastrophe enden können. Die Schulen taugen nicht, die Lehrer haben keine richtige Ausbildung · Dieser Ärger mit der Welt regt mich auf, das kann nicht gut für mein Herz sein. Diese Hetze! Ich solle mich entspannen, ausruhen, rät man mir. Wie kann ich das? Ich muß doch achtgeben, daß sie mich nicht ausrangieren. Sie lauern schon auf meine Position, die Kinder auf die Erbschaft · Ich kann jetzt nicht fort. Sonst schnappt man mir den Sitz im Verwaltungsrat dieses Großkonzerns vor der Nase weg. Meine Sekretärin würde mich dann anschauen, als ob ich kein Mann mehr wäre. Was habe ich nicht schon alles geleistet! Ein Mann von internationalem Format, sagte kürzlich erst der Rektor der Universität bei der Verleihung meines dritten Ehrendoktorates. Ach, wenn man nur Zeit hätte, all das zu genießen! · Verdammt, das Telephon, schon wieder, zum Verrücktwerden! Eigentlich sollte ich mich zurückziehen. Ich wollte noch so vieles lesen, besinnlich werden... Immer muß ich es hinausschieben. Als ob der Teufel im Spiel ist! Meine Frau mit ihren extravaganten Vorstellungen von Wichtigkeit läßt mir keine Ruhe. Sie saugt mich aus, wie ein Vampir · Gott weiß, wie gut ich es meine, wie gern ich wollte. Aber in mir scheint etwas gestorben zu sein. Ich müßte wirklich einmal nachlesen, was die Quellen davon sagen. Aber wann? Keine Zeit, man läßt mich nicht · Ja, ich komme! Das elende Telephon! Wer das nur erfunden hat!

Kain

Abram setzte sich vor seinen Vater und fragte: Sage mir an, Vater, welcher Gott ist es, der Himmel und Erde und die Menschen erschaffen hat? Terach erwiderte: Mit uns im Hause sind sie, die das alles geschaffen haben. Abram sprach: So zeige sie mir, mein Herr. Terach stand auf und ging mit Abram nach dem inneren Hof; er führte ihn in das Gemach, wo die Götter standen. Da sah Abram zwölf große Bilder in Holz und Stein, dazu noch kleine sonder Zahl. Und Terach sprach: Siehe, hier sind sie, die die Welt erschaffen haben! Und Terach bückte sich vor seinen Göttern und betete zu ihnen.

SAGEN DER JUDEN

Schön ist das Leben, vielversprechend! Die Wissenschaften sind auf dem Weg zum Sieg. Und ich bin Präsident der Aufsichtsbehörde unserer wirklich gigantischen, weltberühmten Universität. Wie viele Fakultäten, wie viele Seminare, wie viele Institute, wie viele Bibliotheken, wie viele Labors! Und die Verflechtungen: mit der Politik, mit der Industrie, mit den Banken! Alle brauchen die Wissenschaft. Heilige Hallen, still, kühl, hygienisch; man spürt ihre Bedeutung. Und dieser Welt diene ich, dieser Gesellschaft. Einer der Diener, aber ein großer Diener. Die Welt kennt mich · Wenn alles so weitergeht und genügend Mittel zur Verfügung stehen, dann können wir am Ende vielleicht alles. Gut, es kann noch Jahrtausende dauern, mindestens einige Jahrhunderte, aber wir müssen eben als Diener der Allgemeinheit zur Verfügung stehen. Wenn alles erreicht ist, wird es eine ideale Welt geben. Langes gesundes Leben, Wohlstand, Weltfrieden, immense Technik, alles berechenbar, alles voraussehbar · Die Nachfolger in meiner Position können es schön haben. Sie werden mir, Rädchen in dieser Zeit, dankbar sein. – Ach was, dankbar! Sie werden nur auf ihre Errungenschaften schauen und mich einen netten Primitiven nennen. Denke ich etwa in Dankbarkeit zurück? Unsinn, die Welt geht weiter. Man wird auch mich vergessen · Vielleicht kommt mein Porträt in die lange Reihe der Bilder in den Empfangshallen? Aber was nützt mir das, eigentlich möchte ich selbst hierbleiben. – Wer denkt schon an mich? Dazu müßte man Liebe haben, ein Wort, das hier »nützlich zur Lust« heißt. Man darf von diesem Wort im intimen Sinn hier gar nicht reden. Das wäre unwissenschaftlich, unnütz. Dennoch möchte ich es gern. Ich fühle mich einsam, mir ist kalt hier. Aber die Grenze überschreiten? Hinüber? – Das kann ich doch nicht. Schließlich bin ich Präsident der Aufsichtsbehörde unserer Universität!

Abrahams Vater Terach
mit Götzen

19

> Abraham wäre würdig gewesen, noch vor Adam erschaffen zu werden; aber der Herr sprach: Schaffe ich den Abraham zuvor, und verdirbt die Welt, so kann keiner kommen, der sie wieder heilmacht. Ich will nun als ersten den Adam kommen lassen, auf daß, wenn er strauchelt, nach ihm Abraham komme und alles wiedergutmache.
> Hat ein Mensch einen starken Pfeiler, wo setzt er ihn hin? Doch nur in die Mitte des Baues, damit er die Wände vor und hinter sich stütze. Also tat auch der Herr mit Abraham: er setzte ihn in die Mitte der Zeiten, auf daß er die Geschlechter vor und hinter sich trage.
> SAGEN DER JUDEN

Ich glaube, das Leben ist ein ständiges Durchbrechen von immer neuen Schranken. Sie verbergen den Geliebten und die Geliebte. Und sie bitten darum, durchbrochen zu werden, sie sind das erste Erlebnis der Liebe, sie öffnen die Tore in das Reich des ewigen Lebens. Warum sehen viele diese Tore nicht? Sie schauen wohl nicht hin, sie scheinen vom ewigen Leben nichts wissen zu wollen · Merkwürdig, dieses Nicht-sehen-können! Ich glaube, sie ahnen nicht, was Liebe ist. Vielleicht kennen sie nur die Liebe zu sich selber · Aber braucht man zur Liebe nicht ein Gegenüber? Dem man in der Liebe Glauben und Vertrauen schenken kann, wie es von ihm auch einem selbst geschenkt wird, hin und zurück, in einer freudigen Ewigkeit? Schranken wollen nur durch Liebe und Glauben durchbrochen werden. Überlegung und Berechnung machen sie kühl, hart, abweisend. Den Kalten vom Durchbruch in Liebe sprechen, scheint sinnlos. Sie wissen nicht, wovon man redet. Die gleichen Worte, aber doch so grundverschiedene Auffassungen · War das nicht mein Konflikt mit der Welt? Sie versteht nicht, daß ich ein Glücklicher bin, einer, der den Geschmack des ewigen Lebens hier schon kennengelernt und genossen hat. Mit dem Duft dieser Erlebnisse erhielt ich das Land des ewigen Lebens zum Geschenk. Von dorther sehe ich die Kühlen, die Kalten, die Berechnenden mit einem Lächeln an. Ich sehe, wie sie von dorther in die Welt kommen, und von hier aus wieder heimkehren. Nur daß sie das Große dieser Welt, das Erkennen der Liebe und des Glaubens, verpassen! Schade. Wie kann man denn so leben? · Aber Gott ist ein guter Vater, er wird ihnen das Leben schon zeigen, er hat Geduld. Er freut sich, glaube ich, über das kleinste Zeichen der Sehnsucht nach ihm.

Abraham

Abraham und Isaak kamen bis an die Stätte. Beide trugen die Steine, beide trugen das Feuer, beide trugen das Holz. Abraham glich einem, der seinen Sohn zur Hochzeit führt, und Isaak glich einem Bräutigam, der zur Trauung schreitet.

SAGEN DER JUDEN

Die Zukunft hat einen Sinn, und damit das Leben. Wie dieser Sinn mir kam? Eigentlich weiß ich es nicht. Unbemerkt kam er, wie ein Dieb in der Nacht. War es vielleicht eine Antwort auf meine Sehnsucht nach Erfüllung des Verstandenwerdens und des Verstehenwollens? Nichts anderes ist es als die stille Hingabe an die Liebe. Man kann es nicht ausdrücken. Es ist eben das Durchbrechen der Schranken des Sagbaren · Ich bin einfach einer, der gern glaubt. Was kann ich dafür? Man lacht mich aus. Genug Schwierigkeiten mit der Welt habe ich mir dafür schon eingehandelt. Aber sie tut wohl, diese Hingabe in Liebe und Glauben. Frucht meines Lebens, kaum geträumte Frucht des Daseins! · Was aber habe ich von all dem, wenn es nur mich betrifft? Was ist mit meinen Freunden, meinen Eltern, meinen Ahnen, mit allen, die von diesem Glück nicht einmal wissen oder gewußt haben? Wie kann ich einen Lebenssinn genießen, den all die anderen nicht kennen oder kannten? Und was ist mit der ganzen Kreatur? Die Antwort kann nur jenseits des Todes liegen, denn der Tod ist das einzige Gemeinsame für die ganze Kreatur. Auch die Liebe; aber die Liebe kann man wählen und somit verkennen · Ich sollte der Welt den Tod zeigen, auch meinen Tod, und sie so hinüber- und wieder zurückführen. Erst dann hat das Leben für alle einen Sinn. Ein Leben ohne Todesangst, ein Leben frei zur Liebe. Dieses Leben sein lassen, und das ewige Leben hier einpflanzen. Wer sonst, wenn nicht ich? Und wo und wann sonst, wenn nicht im ewigen Jetzt? Erst dann ist die Freude unermeßlich, denn sie umfaßt alle und alles.

Abraham mit Isaak
unterwegs zum Berg Moria

Als das Schwert an Isaaks Hals kam, flog seine Seele von ihm. Als aber der Herr seine Stimme zwischen den Cherubim erschallen ließ: Lege deine Hand nicht an den Knaben – kehrte die Seele in Isaaks Leib zurück. Abraham band ihn los, und sein Sohn stand da auf seinen Füßen. Da erfuhr Isaak, daß es ein Auferstehen der Toten gibt, daß alle Toten dereinst aufleben werden. Er tat seinen Mund auf und sprach: Gelobt sei der Herr, der die Toten erweckt.

SAGEN DER JUDEN

Ich habe in den Himmel geschaut, meine Sicht der Welt hat sich vollkommen geändert. Ich habe meine Mutter im Himmel gesehen, meine irdische Existenz hat dort ihre Quelle. Jede Existenz, alles irdische Erscheinen kommt von dort her. Wozu also die Dinge in ihren weltlichen Proportionen und Formen so ernst nehmen, als ob es nichts anderes gäbe? Was hat mich aus der Zeitlichkeit in die Ewigkeit gerettet? Nur dieses Eingreifen vom Engel Gottes, nur diese Überraschung mit der Kunde, daß alles ein ewiges Sein hat. Wie kann man blind für das Ewige sein? Blendung vom Erscheinenden her · Wie anders sieht die Welt unten aus, nachdem ich Gottes Licht erfahren habe. Unten: schwer, schwierig, hart, erstarrt. Das konnte mich blenden? Es hat mich verführt. Dennoch habe ich immer die Quelle, den Urgrund gesucht. Weil ich spürte: Jemand muß da sein, der mich liebt, mich hütet, zärtlich zu mir ist. Unmöglich, daß man nur so allein im Leben ist, verlassen! Wie aber können mich Menschen verstehen, die einen unbekannten Weg gehen? Woher kommen sie, wohin ziehen sie? Wissen sie doch von sich kaum anderes, als daß sie vergänglich sind, verwesend · Es muß einen Herrn des Lebens in all seiner Fülle geben. Den gütigen Vater suchte ich. Wenn doch schon in mir diese Güte, diese Freude am Glück anderer brennt! Da erkannte ich den ewigen Vater und erkannte, daß ich sein Spiegelbild bin. Güte strahlt zurück. Das ist Gnade, das Geschenk des Lebens. Wer es als Geschenk, lebendig, sieht, begegnet auch dem lebendigen Schenker. Die Proportionen dieses Lebens ändern sich dann. Das Ewige erscheint, und das Zeitliche steht im Licht des Ewigen.

Abraham und Isaak
nach dem Opfer

Und auch dem Lot, der mit Abram ging, wurden Schafe und Rinder und Zelte. Und es trug sie nicht das Land, daß sie beisammen wohnten ... Abram wohnte im Lande Kanaan, und Lot wohnte in den Städten des Umkreises, und schlug seine Zelte auf bis Sodom. Und die Männer Sodoms waren sehr bös und sündhaft gegen den Ewigen.

1 MOSE 13,5,6, ... 12,13

Die Töchter Lots sprachen: Wir wollen von unserem Vater Samen erhalten. Das ist der König Messias, der von beiden herkam: David war ein Abkömmling von Ruth, der Moabiterin, Rehabeam stammte von Naama, der Ammoniterin; der König Messias aber kam von ihrer Kinder Kindern.

SAGEN DER JUDEN

Ich bewege mich im Schatten des Glaubenden. Er erträgt es, daß ich ihm folge, es freut ihn aber augenscheinlich nicht. Es scheint ihn zu stören, daß ich so gern Erklärungen suche, exakte Beweise. Dann solle ich doch lieber in der Welt der Gesetze wohnen, meint er; dort könne man Beweise, harte Beweise aufbauen, Wahrheit und Lüge klar unterscheiden · Was nicht bewiesen werden kann, ist nun einmal nicht wahr. Besser, man berücksichtigt nicht alle Faktoren – wo fängt das an und wo endet das? –, beschränkt sich auf das Greifbare und kommt zu logischen, akzeptablen Schlüssen, als daß man sich in vagen spekulativen Überlegungen verliert · Dennoch mag ich ihn, diesen vor Glück strahlenden Treuen, diesen wider alle Beweise Vertrauenden. Ein Traum erzählte mir, wie ich einmal diesem Glaubenden im Tun nachfolgte. Ich sah nämlich, wie dieses Verhalten den Tod überwand. Im Traum aber starb ich dennoch. Vielleicht, weil ich es im Wissen tat, daß es ihm geholfen hatte, weil ich einen Beweis hatte · Er schaut weder nach rechts noch nach links, er geht seinen Weg. Das müßte man können! Dabei sagt er nur, es sei Gnade, Geschenk, Überraschung. Ja, er behauptet, ich müsse die Grenzen der Welt der Gesetze durchbrechen. Wie tut man so etwas? Gewiß antwortet er darauf, es tue sich von selbst, wenn man liebt. Wen lieben? Am Ende noch den Unbeweisbaren, den Nichtsbietenden · Es brennen diese Worte in mir. Ich sehne mich nach ihrer Wirklichkeit. Mein Kreis schließt zu schnell durch meine Ungeduld, durch mein Leben im Rausch des Vergänglichen. Vielleicht bedeutet Gnade, daß aus meiner Sehnsucht doch einmal das Geschenk der Erlösung erscheint. Erlösung aus der Härte der Gesetze in die Sanftmut des Geliebten. Gnade schenkt den Durchbruch. Wer weiß?

Lot

> Man erzählt, daß, als Jakob und Esau sich noch im Mutterleibe befanden, Jakob zu Esau gesprochen hätte: Mein Bruder Esau, wir sind unser zwei, und zwei Welten liegen vor uns, eine Welt diesseits und eine Welt jenseits. Die eine Welt ist die Welt, da man ißt und trinkt, die Welt des Handels und des Wandels; das Jenseits aber hat von alledem nichts. Ist es dein Wille, so nimm du das Diesseits, und ich will für mich das Jenseits behalten. In dieser Stunde nahm Esau seinen Teil in dieser Welt, Jakob aber wählte das Jenseits.
>
> SAGEN DER JUDEN

Ich danke Gott für die schöne Welt. Schaut den menschlichen Körper: voller Wunder! Die Schönheit überhaupt: unergründliche Tiefen, erschütternde Erkenntnisse, eine nicht zu erfassende Harmonie! Die ganze Natur ist voller Freude vor Gott · Laßt uns das Geheimnis des Lebens erforschen, diese Suche ist das Leben wert. Zwar, meine andere Seite, eine Verborgenheit in mir, sagt fortwährend, alles sei aus einer ewigen Wirklichkeit, in uns wohne Gott, der Erschaffer des Alls, der Gott des Himmels und der Erde. Und diese ständig Unruhe bringende Seite sagt, daß es durch Forschung niemals gelingen werde, das Geheimnis, den Lebenssinn, zu finden, was immer an Studium, Intelligenz und Opfern dafür eingesetzt würde. Zwischen dem Geheimnis und mir bliebe immer eine Fluchtdistanz. Hingegen – bekäme ich zur Welt, zur Natur, zur Schönheit eine vollkommen andere Art der Beziehung, eine Beziehung aus Liebe zum Menschen und zu Gott, dann entdeckte ich alles in mir selbst. Es äußerte sich dann in meinem Verhalten, meine Intelligenz würde viel umfassender, mein Wissen unendlich weitergehender · Sie hat gut reden, diese irritierende, störende verborgene Seite. Wie kommt man zu dieser Art Liebe? Beim Kleinsten fange es an, flüstert sie mir zu, sehr einfach, in der nächsten Umgebung, bei Dingen, die man leicht zu übersehen geneigt ist, in unscheinbaren Momenten. Mich mit solchen Kleinigkeiten abgeben?! Schließlich möchte ich doch anerkannt, berühmt, belohnt werden und viele Menschen auf meiner Seite wissen · Da sagt das Andere in mir: Und was hast du davon, wenn du stirbst? Was ist dein Gewinn, wenn die Ewigkeit sich dir entzieht? · Man wird mich verstehen, wenn ich diese andere Seite in mir nicht ertrage, wenn ich sie schon im Keim ersticken möchte. Denn diese Welt, dieses Leben – sie sind so schön!

Esau

Und es wurden der Rebekka berichtet die Worte Esaus, ihres älteren Sohnes. Und sie schickte hin und ließ rufen Jakob, ihren jüngeren Sohn, und sprach zu ihm: Siehe, Esau, dein Bruder, will sich an dir kühlen, dich zu erschlagen. Und nun mein Sohn, hör' auf meine Stimme, und mache dich auf, fliehe zu Laban, meinem Bruder, nach Haran. Und bleibe bei ihm eine Zeit, bis daß sich gelegt hat der Grimm deines Bruders. Bis sich gelegt hat der Zorn deines Bruders wider dich und er vergessen hat, was du ihm getan: dann schicke ich hin und hole dich von dort. Warum soll ich beraubt werden eurer Beider zumal an einem Tage? 1 MOSE 27, 42–45

Warum muß ich diese Welt verlassen? Das tief im Innern empfundene Versprechen, daß mein Leben, mein Glück, von meiner Beziehung zum Ewigen bestimmt sein wird, habe ich im Segen des Vaters klar vernommen. Ja, die lärmende, in der Zeit schwelgende Seite von mir kann es nicht hinnehmen, nicht bestimmend zu sein, erträgt es nicht, daß aus dem Ewigen das Leben fließt, daß dort der Lebenssinn wohnt · Du, Mutter, Quelle meines Erscheinens, ziehst uns beide ins Leben hinein. Mich als »Alternative«, als die verborgene andere Seite des Erscheinenden. Und jetzt heißt du mich gehen, während er, meine grobe, jedenfalls vergehende Seite bleiben kann. Hast du Angst, du könntest uns beide verlieren, wenn es zwischen uns zum Kampf käme? Du glaubst, die Welt finde nicht ihren Sinn, wenn sein Weg befolgt wird, und möchtest, daß ich zur Quelle alles Erscheinenden gehe, um neues Leben hierher zu bringen. Gehen soll ich und wiederkommen, mit der Fülle neuen, ewigen Lebens. Dann wird diese laute, freche, eingebildete Seite keinen Bestand mehr haben, wird wie Spreu in der Flamme der Ewigkeit sein · Ich verstehe, die Auseinandersetzung hier hat keinen Sinn. Hier gibt es immer nur das Entweder-Oder. Du aber weißt von beidem zugleich: Leben und Tod in einer Einheit von Leben in Ewigkeit. Hier bliebe es ein Kampf in furchtbarer Unendlichkeit, ein Schrecken ohne Ende · Eine Reise steht mir bevor, *er* würde sagen: eine weite Reise. Ich aber weiß: Wenn Liebe den Weg ziehen läßt, wird es wie ein Augenblick sein. Wie ein ewiger Augenblick; eine süße Unendlichkeit. Wer denn kann Liebe fassen? Doch nur ein Geliebter. Und das bin ich bei dir.

Jakobs Abschied von Rebekka

Also spricht der Ewige: Eine Stimme der Klage wird zu Ramah gehört, bitterlich Weinen, Rahel weint um ihre Kinder; sie verweigert es, sich trösten zu lassen um ihre Kinder; denn sie sind dahin. Also spricht der Ewige: Halte zurück deine Stimme vom Weinen und deine Augen von Tränen; denn ein Lohn ist für dein Tun, ist der Spruch des Ewigen, und sie werden zurückkehren aus dem Lande des Feindes. Und Hoffnung ist für deine Zukunft, ist der Spruch des Ewigen, und es werden zurückkehren die Kinder in ihr Gebiet.

JEREMIA 31, 15–17

In mir lebt das Versprechen, im Jetzt unserer gegenwärtigen Welt das Ewige zu erfahren, das Ewige als Wirklichkeit zu leben. Im Verborgenen ist es nur eine Vorstellung, ein Traum, aber keine Wirklichkeit. Mir wurde versprochen, daß ich meiner Verborgenheit als Wirklichkeit angetraut werde, daß ich *leben* werde, was dort im Stillen Traum ist. Deshalb strahle ich vor Freude · Ich trage Verborgenes in mir, das von dieser zur Realität werdenden Traum- und Glaubenswelt weiß. In der Hülle, die das Geheimnis noch schützt, sehe ich diese Wirklichkeit schon. Deshalb ist alles so leuchtend schön · Was macht es dann aus, wenn ich auf die Erfüllung des Versprechens warten muß? Dieses Warten ist eine große Last. Vieles erscheint im Leben, nur das mir Versprochene läßt auf sich warten. Die Zeit des Lebens scheint erfüllt zu sein, und immer noch kommt das Wesentliche nicht aus dem Geheimnis hervor. Machte die Liebe mich übermütig? · Liebe überdauert das Leben, Liebe besiegt den Tod. Laßt die Zeit nur vergehen, ich dulde euer gescheites Lächeln über meine »Dummheit«. Im Ewigen lautet mein Name: Mutter des Lammes. Ist dieses Lamm nicht das Urbild des Menschen? Wie es vor dem Anfang schon da war, so wird es nach dem Ende da sein. Leben in Ewigkeit · Trotzdem verstehe ich nicht, daß Zeiten vergehen, und nichts vom ewigen Leben meldet sich. Wie viele Versprechen, in gutem Glauben gegebene und in gutem Glauben empfangene, vergehen; ich sehe, daß sich immer wieder Gegenteiliges ergibt. Weine ich deshalb? Aber es ist Gott, der mich tröstet. Ich glaube ihm, weil ich liebe und weil ich vom Verborgenen geliebt werde. Die Erfüllung – wie gewaltig muß sie sein, unvorstellbar für Kleingläubige!

Rahel

> Ist mir nicht ein teurer Sohn Efraim, oder ein Kind der Liebkosung, daß, so oft ich von ihm rede, ich seiner fürder gedenke? Darum ist mein Inneres für ihn rege; erbarmen will ich mich sein, ist der Spruch des Ewigen.
>
> JEREMIA 31, 20

Die stille Verborgenheit meines Lebens wächst. Etwas lebt, etwas birgt sich in mir. Wie lang kann man Verborgenes, das sich offenbaren will, im Innern behalten? Ich muß verhindern, daß das Geheimnis bekannt wird, obwohl ich weiß, daß alle Verborgenheit gerade hier und jetzt erscheinen *muß*. Ist die Geburt des Messias aus der Verborgenheit nicht die entscheidende neue Geburt? Doch darf es nicht sein, denn der Neid und der Widerstand würden so groß, daß das Kind hier nicht bleiben kann. Man wird es nicht erkennen. Oder man wird es erkennen, ihm das Leben hier aber nicht gönnen. Man wird das Geheimnis veräußern, es behandeln, als wäre es etwas normales Zeitliches · Ich liebe den Vater des Kindes, mein eigenes teueres Geheimnis. So empfing ich seine Verborgenheit in mein Leben. In der Liebe überlasse ich Gott das Geschehen. Nach seinem Willen geschehe. Sie werden das Kind nicht verstehen, weil sie das Kind in sich schon längst umgebracht haben. Aber Gott liebt die Kinder. Die Welt ruht doch, wie es heißt, auf den Säuglingen im Lehrhaus. Also wird dieses Kind leben, das Geheimnis wird lebendig und offenbar mit uns sein · Einmaliges trage ich, was kann dem schon geschehen? Es steht jenseits der Zeit, wird selber Quelle der Zeit sein. Hier wird es sein und dort, im Leben und im Tod. Nach beiden Seiten wird es sein, verborgen und offenbar, seine Frucht wird an beiden Seiten bestehen, in Zeit und in Ewigkeit · Als ich es nicht mehr erwartete, als die Zeit voll schien, kam es nun doch. Ich überlasse es Gott, und damit befestige ich es für Ewigkeiten.

Rahel, schwanger

Der Engel, der mit Jakob gerungen hat, bat ihn: Laß mich ziehen. Darüber sagte ein Weiser: Wisse, daß die Gerechten höher sind als die Engel, denn wer ist wem überlegen? Der einen gehen läßt, oder der, den man fortschickt?
Andere Lehrer erzählen, dieser Engel sei der Schutzherr Esaus in den oberen Regionen gewesen. SAGEN DER JUDEN

Praktisch solle ich leben, nüchtern, aufgeschlossen für die Realität, sagt man mir immer wieder. Was aber bedeutet eigentlich Realität? Nun, daß es tatsächlich in dieser Welt hier lebt. Aber nur, solange die Zeit dieses Lebens währt. Wenn die Nacht dem Licht des Tages weichen muß, wenn Zeit der Ewigkeit gegenübersteht, dann ist Wirklichkeit etwas ganz anderes. Kann ich dann das, was im Fließen der Zeit Wirklichkeit genannt wird, noch so todernst nehmen? Ihr seht ja die Verborgenheit, wie sie sich in der Zeit manifestiert, gar nicht, denn sie kann sich nur keusch, behütet, eben verborgen zeigen · Merkt ihr nicht, daß euch das Herrlichste des Lebens verlorengeht, wenn ihr nur auf das Laute hört, nur die großen Zahlen wahrnehmt? Fühlt ihr nicht, wie euer Leben, unabwendbar, vergeht? Die Zeit, wohin nimmt sie es mit? Das wollt ihr nicht wissen, weil es außerhalb eures Wissens liegt · Hört auf die andere Stimme! Nicht auf die laute, meßbare, sondern auf die Stimme des Ewigen in euch. Ich habe mit der Welt der Praktischen, der Nüchternen, der Gescheiten gekämpft und bin als ein Neuer aus diesem Kampf hervorgegangen. Ich sehe: Der Angriff des Unwirklichen ist ein Angriff aus Neid. Er spürt, daß ich mehr besitze, die Ewigkeit besitze. Er aber, bloß in der Zeit lebend, weiß, daß er mir nichts anhaben kann. Er kann das Ewige nicht in seinen Griff bekommen, kann es nicht begreifen · Der Kampf hat mich unweltlich gemacht, für die Welt bin ich unverständlich. Ich wähle aber das in den Augen der Welt Ungleichgewichtige, denn ich habe jetzt die Unbesiegbarkeit des Ewigen in seiner Erscheinung hier erlebt. Das ist meine Lebenspraxis. So kehre ich, als Neuer, in die Welt zurück.

Jakob nach dem Kampf
mit dem Engel

> Und er sprach zu ihm: Wie ist dein Name? Und er sprach: Jakob. Und er sprach: Nicht Jakob heiße fortan dein Name, sondern Israel; denn um den Vorrang gekämpft hast du mit göttlichen Wesen und mit Menschen und hast obgesiegt.
>
> 1 MOSE 32, 28–29
>
> Es ist gelehrt worden: Der Name Jakob soll nicht ausgerottet werden, sondern die Worte: »Israel soll dein Name sein« wollen nur sagen: Israel soll dein Hauptname und Jakob dein Nebenname sein.
>
> MIDRASCH BERESCHITH RABBA

Ich lebte in der Welt der Alternativen. Aber nach der Auseinandersetzung mit dem Wesen des Erscheinenden weiß ich vom Sinn des Erscheinenden. Zuvor war es mir wie ein Druck, lastete schwer auf meinem Dasein. Es versprach alles und konnte doch nichts halten. Ein drückendes Rätsel! · Im Kampf um den Sinn dieses Rätsels kam mir mein neuer Lebenssinn. Alles, was mir im Leben begegnet, es heiße gut oder werde Böses genannt, bleibt Teil meines Lebens. Nicht mehr nur das Davonfließende und mich deshalb bis zur Verzweiflung Drückende enthält mein neues Ich, sondern das Ewige *und* das Zeitliche. Das Zeitliche auch – jetzt aber im Lichte des Ewigen · Nun drückt das Zeitliche nicht mehr, wie es in der Alternative drückte. Es spendet jetzt Freude, ergibt sich mir, um gesegnet zu werden, wie ich gesegnet bin. Nicht mehr das Ausschließende sehe ich im Erscheinenden, sondern das Geheimnis der Ewigkeit. Weil ich die Auseinandersetzung im Jenseitigen, im Heiligen habe, unterwirft sich das Zeitliche meiner Herrschaft, fügt sich in mein Leben ein. Ich muß es wohl aufnehmen, weil ich jetzt *alles* in ihm sehe, alle Freuden der Ewigkeiten. Ich erhebe es jetzt ins Ewige · Wer hat da noch Angst? Nur der, dem das Leben begrenzt ist von Anfang und Ende, begrenzt von Zeit. Nun, da bei mir diese Grenzen gefallen sind und die Maßstäbe aus dem Ewigen kommen, fällt die Angst weg. Ich fürchte mich nicht, weil ich weiß, daß Gott alles in seiner Hand hat, der Ewige, deshalb Gütige und Sanftmütige · Jetzt bin ich der Eine *und* der Andere, habe diese Welt *und* die andere. Dazu brauchte es aber die Auseinandersetzung in der Welt der Alternativen. Ist das nicht eben Sinn des Lebens?

Jakob-Israel

Ein Lehrer des Talmuds behauptet, unser Vater Jakob sei nimmer gestorben. Da fragte man den Weisen: Geschah es denn ohne Grund, daß man ihn beweint, gesalbt und begraben hat? Der Lehrer antwortete: Ich halte mich an den Spruch: »Fürchte dich nicht, Jakob, entsetze dich nicht, Israel; ich will dir helfen aus fernen Landen und deinem Samen aus dem Lande der Knechtschaft.« Wie nun der Same Jakobs am Leben ist, so ist auch der Erzvater immer am Leben.

SAGEN DER JUDEN

Die Welt versteht meine beiden Existenzen nicht. Begreife ich selbst sie? Soll ich diese Dualität überhaupt verstehen? Es ist vielleicht ein dummer Hochmut zu glauben, daß man während des Lebens hier den Sinn der Dinge verstehen könnte · So schnell geht alles, man ist so müde. Und wohin geht es und wozu rackert man sich ab? Um im Sinne der Welt etwas zu verstehen, sollte man hart sein, schlau. Aber wozu? Es führt doch nur zu nichts · Ich kann meine beiden Existenzen nur hinnehmen wie die Existenz von Leben und die Existenz von Tod. Und ich selbst bin derjenige, der Leben und Tod zur Einheit verbindet. Ich verbinde Zeit und Ewigkeit, die Welt und Gott, wie in einer Ehe Mann und Frau verbunden sind. Man versteht es auch in der Ehe nicht. Nur die Liebe macht sie zur Einheit · Die Welt denkt, Liebe sei auch etwas, das wissenschaftlich analysiert werden kann. Aber wer meine beiden Lebensseiten auf diese Art zu erforschen sucht, kann nur zum Schluß kommen, daß ich ein gefährliches, düsteres Individuum sei. Denn ein »normaler« Mensch ist klar durchschaubar, klar einzuordnen. Man möchte wissen, was man an ihm hat, wie nützlich er für die Gesellschaft ist · Mir aber geschehen Dinge aus einer anderen Wirklichkeit. Weil beide Wirklichkeiten meine Existenz bilden. Dennoch möchte ich, daß die Welt mich versteht, daß sie mich akzeptiert. Denn ich bin in dieser Welt, wenn auch eigentlich von der anderen. Die Welt denkt, es sei schwer, so zu leben. Sie weiß aber nicht, daß ich dieses Leben vom Ewigen her betrachte. Dann ist mein Leben das schönste, herrlichste, glücklichste. Ich erkenne, daß Gott mich liebt. Und wie jeder Geliebte habe ich auch Angst, daß ich mir das nur einbilde. Wenn schon! Dann ringe ich eben mit Gott um die Wirklichkeit meiner Einbildung. So ist Liebe: Ein gefährliches Abenteuer! Aber wie schön!

Jakob-Israel

Jakob stand auf in der Nacht, als er seinem Bruder Esau entgegenging; er nahm seine zwei Weiber, die zwei Mägde und die elf Kinder. Wo aber war Dinah zu der Zeit? Sie wurde in einem Kasten versteckt gehalten. Denn Jakob sprach: Der Unhold wird womöglich seine Augen auf sie heften und sie mir entreißen. Da sprach Gott: Du hast deinem Bruder die Gnade vorenthalten.

SAGEN DER JUDEN

Es heißt, sie sei, als Tochter Jakobs, eine außergewöhnlich schöne Frau. Das göttliche Verborgene Jakobs: Schön im Erscheinen seiner Tochter! Im Sohn wird das Jenseitige hier weitergeführt, der Geist geht vom Vater auf den Sohn über. Die Tochter zeigt in der Welt, was im Sohn verborgen ist. In Dinah wird die Strahlung der Söhne Jakobs sichtbar · Jakob fürchtet, die Schönheit Dinahs werde seinen Bruder Esau so bewegen, daß er nach ihr greifen könnte. Deshalb verbirgt er sie beim Überschreiten des Jabok vor der Begegnung mit Esau in einem Kasten · Als aber Jakob nach Sichem kommt, und Dinah hinausgeht, die Töchter des Landes zu sehen, nimmt sie Sichem, der Kanaaniter. Das hat weitreichende Folgen. Sichem und alle, die mit ihm sind, werden getötet; es kommt zum Krieg Jakobs und seiner Söhne mit den Kanaanitern. Die aus der Vergewaltigung hervorgehende Tochter Dinahs wird als kleines Kind von einem Adler nach Ägypten getragen und dort auf einen Altar niedergelegt. Die Ägypter betrachten sie als Himmelsgabe. Nach der Überlieferung wird dieses Kind dann die Frau des Potiphar und später Josephs Frau. Ihr Name ist Osnath, Tochter von Potiphera, Priesters von On. Osnath bedeutet »Unglück«, ein »Malheur« · Diese Geschichte von Dinah spielt auch in uns. Sie vergegenwärtigt unsere Hemmung, unser Zeitleben, unseren Alltag, dem Esau, dem Zwillingsbruder zu übergeben. Es geht noch nicht, noch nicht jetzt. Aber irgendwann einmal, in Seïr, wenn die Zeit dieser Welt erfüllt sein wird. Jetzt paßt es uns nicht, jetzt ist es undenkbar. Aber dann ergreift Sichem die Dinah. Sichem, der Sprache nach die »Schulter«, die Spaltung in die Zweiheit. Und Kanaaniter meint den »Kaufmann«, den, der hier austauscht. Etwas in unserem Verhalten zur irdischen Realität stimmt nicht. Ist das die Weltgeschichte? Denn nach einem sehr langen Weg kommt Dinah zu Joseph und wird die Mutter von Efraim. Das ist der Urvater des Jehoschua, der Israel ins Gelobte Land bringt.

Dinah

Juda sah Tamar sitzen. Ein Talmudlehrer erzählt, Juda habe an Tamar vorbeigehen wollen, aber der Herr habe den Engel herniederfahren lassen, der die irdische Lust erweckt, und dieser sprach zu Juda: Wieso entfernst du dich? Wo sollte Israel seine Könige hernehmen, wo sollten die Helden herkommen, wenn du das Weib sitzenläßt?

SAGEN DER JUDEN

Und es geschah nach etwa drei Monden, da wurde dem Juda berichtet, also: Gebuhlt hat deine Schnur Tamar, und siehe, sie ist auch schwanger durch Buhlerei. Da sprach Juda: Führet sie hinaus, daß sie verbrannt werde.

1 MOSE 38, 24

Ihr Name träumt vom Süßen der Gegenwart: der Dattel, der siebten in der Reihe der Früchte des Gelobten Landes. Sie wird die Frau des Erstgeborenen Judas, die Frau des Er. Dieser Name bedeutet »geweckt sein«, »wach sein«. Ein großes Versprechen: Geweckt zum Süßen, zum Honig der gegenwärtigen Welt. Die Frucht der Begegnung von Er und Tamar könnte welterlösend sein. Juda, der »Gott Preisende«, trägt doch das Geheimnis des Messias · Und Er – wie könnte er anders? – *will* auch den Messias. Dazu ist er geweckt. Aber er denkt sich ihn irdisch, auf kausale Art, verständlich, kommend. Bist du dazu geweckt?, sagt Gott, und nimmt ihn aus dem Geschehen · Nun folgt Ers Bruder Onan. »Kraft«, »Macht« bedeutet sein Name. Er ist ihm gegeben, damit er sich dem Süßen der Welt verbinde und das dem Juda gegebene Versprechen mit seiner Kraft erfülle: den Erlöser zu bringen. Immer aber scheint um den Messias ein tragisches Mißverständnis zu walten, denn auch Onan verdirbt die Chance auf eine ewige Frucht; er meint, den Messias mit *seiner* Kraft, mit *seiner* Macht in die Welt bringen zu können. Während Erlösung doch gerade die Verbindung der Zeitwelt mit der Ewigkeit bedeutet: Die Erlösung durch den mit himmlischer Kraft und himmlischem Wachsein der Welt als Überraschung geschenkten Messias · Jetzt soll Schela, Judas dritter Sohn, der Tamar, der Süßen, verbunden werden. Schela, geschrieben wie Schilo; und Schilo ist doch das messianische Versprechen an Juda. Aber jetzt hat Juda Angst. Er fürchtet, auch Schela könnte, wie Er und Onan, aus der Erfüllung herausgenommen werden. – Warum Angst? Warum nicht gewagt? Weg der Weltgeschichte. Denn am Ende gibt Juda ohne es zu wissen *seinen* Samen der Tamar, und Peretz wird geboren: »Durchbruch«, wie sein Name sagt. Schela, »sorgenfrei« bedeutend, bricht also doch durch · Schilo hat einen Buchstaben mehr im Namen als Schela: eine Jod, eine Zehn. Der Weg bis Schilo ist ein langer. Tamar geht, wird entlassen, aber auf überraschende Art kommt sie doch.

Tamar wird hinausgeführt

Und Pharao sprach zu Joseph: Einen Traum hab' ich geträumt, und keiner ist, der ihn deute; nun höre ich von dir sagen, du verstehest einen Traum zu deuten. Da antwortete Joseph dem Pharao also: Das steht nicht bei mir; Gott wird eröffnen, was dem Pharao frommt.

1 MOSE 41, 15–16

Nicht wie der Menschen Art ist des Herrn Art. Der Mensch schlägt Wunden mit einem Messer und heilt sie mit einer Salbe. Nicht so der Herr; womit er schlägt, damit heilt er auch. Träume waren daran schuld, daß Joseph nach Ägypten verkauft wurde, und ein Traum war es, wodurch er zur Herrschaft gelangte.

SAGEN DER JUDEN

Pharao, König von Ägypten, von Mizraim. Der Name dieses Landes erzählt schon vom Leid einer Welt, die in der Form, im Lehm des Töpfers gebunden ist, weil sie das Leben, das sie so gern festhalten möchte, vorüberfließen sieht. Weiter fließt es und schließlich davon. Es *muß* aber anderes geben. Nur, wo? Und wie kommt man dazu? · Der Name Pharao enthält die Begriffe »stören«, »Unruhe stiften«, »entblößen«, »zahlen«. Der Wortstamm »phar« bedeutet Stier, Rind. Zeichen im Tierkreis für den Moment der Schöpfung. Ein Teil des Zeichens steht jenseits, ein Teil diesseits der Schöpfung. Deshalb also ist das Land dieses Königs auch gespalten: in einen sichtbaren und in einen nur zu vermutenden Teil. Träume können aus diesem anderen Teil kommen, sind plötzlich da, ohne daß man Einfluß auf ihr Kommen oder Ausbleiben hätte · Das Deuten der Träume ist ein schönes, oft einträgliches Spiel. Wenn aber der König träumt, der Herrscher über das Leben in dieser Welt, Zentrum der Existenz, dann könnte es sein, daß im Traum Wesentliches von der anderen Seite des Lebens mitkommt · Dieser Traum ist zum Verrücktwerden. Er zeigt die Dualität des Lebens, und meldet nur, daß alles Schöne, Gesunde hier vergeht und dort, an der anderen Seite, nichts da ist. Es gibt aber den Hebräer, den Iwri, dessen Name schon sagt, daß er »von jenseits«, von der unbekannten Seite herkommt. Der Pharao wird sich vor ihm entblößen müssen, wird ihm seine Unruhe zu Füßen legen, wird ihm zahlen · Joseph – sein Name kündet, daß es »noch mehr«, daß es »noch einen« gibt, der soll es wissen. Und Joseph verbindet aus seinem jenseitigen Zuhausesein die Welten. Höre, Pharao, nimm den verborgenen Kern dieser Welt, die Quintessenz des Erscheinenden, dann hast du die Brücke zu deiner anderen Seite, dann ist der Tod Leben. Fürchte dich nicht. Dazu bin ich doch hier, damit du auch dich erkennst. Du leidest in deiner Welt, weil du von der anderen nicht Kenntnis nehmen willst. Jetzt aber habe ich es dir gesagt.

Joseph deutet Pharaos Traum

»Das Szepter wird Juda nicht entwendet werden, und die Herrschaft wird von seinen Füßen nicht weichen, bis daß Schilo kommt; diesem werden die Völker anhangen.« (1 Mose 49, 10). Schilo, das ist der König Messias; er wird kommen und wird die Zähne der Sternanbeter stumpf machen. Und weiter heißt es im Segen Jakobs von Juda: »Er wird sein Füllen an den Weinstock binden und seiner Eselin Kinder an die Rebe.« Die Weisen sagen: Jakob wies mit diesem Satz auf die Zeit hin, in der in Erfüllung gehen wird, was da geschrieben steht: »Siehe, dein König kommt zu dir, ein Gerechter und ein Helfer, arm ist er und reitet auf einem Esel und auf einem jungen Füllen der Eselin.«

SAGEN DER JUDEN

»Den Herrn loben«, sagt mein Name. So lobe ich, tanze und singe, überaus glücklich. Das kann mir keiner nehmen, wenn ich mich in diesem Namen erkenne. Und in ihm ist auch das Geheimnis von Schilo beschlossen. Wo Schilo ist? – Wo ist der Messias?, frage ich zurück · Als meine Söhne Er und Onan alles verdarben, indem sie sich nur dieser fließenden Welt zuwandten, habe ich Schilo verstanden. Der Messias ist ewig, also immerwährend, das ist mein Glück, meine Freude. In mir erkenne ich ihn, er ist meine Lebensquelle. So widerstehe ich jeder Versuchung, die aus dem Nebel der Zeiten heraufkommt · Vom Ewigen her lebe ich, durchbreche die Stäbe des Zeit- und Raumkäfigs. Tamar, die Süße, hat recht. Man sollte die Bedeutung des Diesseitigen anerkennen, man muß den Schela wagen. Das Diesseitige hat sein Geheimnis. Es kommt dann eben verschleiert, als Dirne verkleidet · So habe ich Joseph, Rahels Sohn, wegen seiner diesseitigen Strahlung nicht ertragen können. Ich habe es nicht gewagt, weil ich es nicht glauben konnte. Es ist das Nicht-glauben-können, daß alles dennoch diesseitig ist, daß diese Welt alles trotzdem erleben wird · Im Prinzip also hatten meine beiden älteren Söhne schon recht; aber sie haben das Jenseitige als unmöglich zur diesseitigen Erfüllung erachtet · Nun ich meine Existenz aus der Freude, aus dem Gotteslob erkannt habe, weiß ich, daß Schilo am Ende der Zeit sein wird. Dann werde ich mit Joseph vereint sein: Ich, der das Geliebtsein vom Jenseits empfinde, und er, der alles schon in seiner Strahlung, seiner blendenden Schönheit im Diesseits einfach glaubt, einfach hinnimmt. Meine Frucht, durchbrechend über Peretz, Nachschon, Boas, David; und seine Frucht über Efraim, Jehoschua – sie werden »eins« werden. Dort ist Schilo.

Juda

Und Mose hütete die Schafe Jethros, seines Schwähers, des Priesters von Midian, und trieb die Schafe hin in die Steppe und kam an den Berg Gottes, an den Horeb. Da erschien ihm ein Engel des Ewigen in einer Feuerflamme aus dem Dornbusche, und er schaute und siehe, der Dornbusch brannte im Feuer, aber der Dornbusch wurde nicht verzehrt.

2 MOSE 3, 1–2

Was wollte Gott Mose damit bedeuten? Mose hatte nämlich bei sich gedacht: Werden die Ägypter nicht Israel ganz und gar ausrotten? Nun ließ ihn der Herr den Dornbusch sehen, den das Feuer nicht verzehren konnte, und machte ihm somit klar, daß, gleichwie der Busch nicht vernichtet wurde, so auch Israel nicht vertilgt werden könnte.

SAGEN DER JUDEN

Daß gerade mir das alles geschieht! Ich bin doch ein Mensch wie alle anderen. Gut möchte ich schon sein, aber oft bleibt es nur bei der Absicht. Mein Schicksal scheint durch vollkommen unerklärliche Ursachen zustandezukommen. Wie eigentlich kam meine Person in jene Umgebung hinein? War es nicht eine Gnade, ein Geschenk Gottes, daß ich von Bathja, der »Tochter des Herrn«, aus dem Fluß der Zeit herausgenommen wurde? Wäre sie, »zufällig« die Tochter des Pharao, nicht »zufällig« dort zur rechten Zeit am Fluß gewesen, ich wäre wohl in der Zeit untergegangen, wie alle anderen Kinder im Menschen · Dann mein Aufwachsen am königlichen Hof, von wo aus die ganze Welt regiert wird. Wer hat das so gelenkt? Ich war immer nur der Überraschte. Dann die Schwierigkeiten, die ich durch mein Sich-hineinmischen in das Schicksal anderer bekam und die mich zwangen, meine Welt zu verlassen. Und doch führten sie mich hierher, wo ich Ruhe fand, und eine Frau. Zippora, wie ein Vogel verbindet sie Himmel und Erde. Ihr Vater Jethro, »Überrest«, ist Priester von Midian, von der Welt der Maßstäbe. Es sind aber nicht die normalen Maße; er hat vielmehr den Überrest, das Jenseitige, das, was bleibt, wenn alles Normale weg ist. Ich hüte den Besitz dieses Übriggebliebenen aus der Welt. Ich hüte ihn sorgfältig, denn gerade die Ausnahmen interessierten mich seit jeher. Bin ich nicht selbst eine Ausnahme, »der aus der Zeit Herausgezogene«, wie Bathja mich nannte? · Wer versteht mich überhaupt? Immer habe ich, meiner Art entsprechend, ein zusammenhängendes Weltbild gesucht, im Sinne des »Überrestes«. Und jetzt stehe ich hier und sehe ein gewaltiges Geheimnis: Alles verbrennt, vergeht in der Zeit, und alles *bleibt* dennoch. Meine Sorgfalt, meine Liebe zum Unscheinbarsten und Geringsten zeigt jetzt ihren Sinn. Wer führte mich hierher? Ich weiß nicht. Es muß wohl gut sein, glaube ich.

Mose sieht
den Dornbusch brennen

> Als der Ewige sah, daß er hinzutrat, um anzusehen, da rief ihm Gott zu aus dem Dornbusche und sprach: Mose! Mose! und er sprach: Hier bin ich! Und er sprach: Nahe nicht hierher! Ziehe deine Schuhe von deinen Füßen, denn der Ort, auf dem du stehest, ist ein heiliger Boden.
>
> 2 MOSE 3, 4–5
>
> Mose sprach zu Gott: Herr der Welten! Verkünde mir deinen großen heiligen Namen, auf daß ich dich anrufen kann und du mir antwortest. Und der Herr ließ ihn wissen, wie er heißt: »Ich werde sein, der ich sein werde«. ...Nun sahen die Bewohner der himmlischen Regionen, daß Gott das Geheimnis des unverstellten Namens offenbart hatte, und sie sprachen: Gelobt seist du, Herr, der du Wissen verleihst.
>
> SAGEN DER JUDEN

Ich verstehe jetzt: Zeit bleibt in Ewigkeit, nichts vergeht. Gott ist das ganze Sein; wie könnte etwas aus seiner Schöpfung verschwinden? Und der Mensch ist in seinem Gleichnis, gleicht ihm, dem Ewigen! Das aber ist nur zu verstehen, wenn man den Standpunkt des Animalischen verläßt. Ein Verlassen der Welt der Kausalität, der Evolution, das sich bis ins letzte Konkrete zeigt: Man zieht die Schuhe aus. Gewiß, das ist unverständlich für Leute, die alles erklären müssen. Die werden auch erklären wollen, durch welches Verdienst meinerseits dies alles mir geschieht · Es ist aber unerklärlich. Ich weiß nur, daß ich gern liebe und gern geliebt werde. Es muß eine Einheit sein, und in der Liebe sieht man die Einheit der Schöpfung, die Einheit des Wortes. Mein Erlebnis vom Sein in Ewigkeit als Quelle des Daseins in der Zeit führt jetzt zu einer Konfrontation mit der Welt von Mizraim, welche die Hebräer, die Jenseitigen, in ihrem Dienst gefangenhält. Es ist ein Dienst am Rausch des Konstruierens, ein Dienst am Leben in der permanenten Alternative · Joseph, der ihnen doch die Brücke zur Verbindung zeigte, haben sie vergessen. Wann vergißt man? Wenn man unglücklich ist, das heißt, wenn man für das Wunder nicht dankbar sein kann, dann geht das Erlebnis der Einheit verloren. Und jetzt soll ich diesen Unglücklichen erzählen, sie könnten die Welt des Leidens verlassen. Sie werden es nicht glauben. Und der Pharao – er kann doch das Fundament, worauf seine Welt gebaut ist, nicht verlassen! · Werde ich die Konsequenz meiner Einsicht leben können, bis ins Letzte? Denn eine Einheit soll das Leben sein, wie es im Ewigen eine Einheit ist. – Nun, ich kann wohl nicht anders. Gott lenkt alles so, daß ich muß. Dennoch wird man behaupten, *ich* hätte alles das getan. Dabei ist alles Gnade, Geschenk.

Mose empfängt seine Berufung

Pharao sprach zu Mose und Aaron: Wer schickt euch her? Sie antworteten: Der Hebräer Gott hat uns gerufen. Da sprach Pharao: Wie ist der Name eures Gottes? Worin besteht seine Macht? Über welche Reiche, Länder und Städte herrscht er? Welche Kriege hat er geführt und gewonnen? Wieviel Heere, Reiter und Fußvolk befehligt er, wenn er in den Krieg zieht? Sie antworteten: Die Welt ist seiner Allmacht voll; sein Stuhl ist der Himmel und die Erde seiner Füße Schemel. Er erschafft den Geist und die Seelen, er verbindet das Feuer mit dem Wasser; durch sein Wort allein entstand der Himmel, durch die Rede seines Mundes die Erde; er speist und ernährt die ganze Welt von den Hörnern des Wildochsen bis zu den Eiern der Laus. Da antwortete Pharao: Ich bedarf seiner nicht, ich habe mich selbst gemacht.

SAGEN DER JUDEN

Die Welt könnte so schön sein, stünde nicht der Auszug aus dem Leben immer drohend bevor! Was hilft mir ein Philosophieren über den Sinn des Todes? Man sollte das verbieten. Schaut, das Leben fordert schon so viel, denkt lieber an eure Gesundheit, an die Gefahren für den Bestand der Welt, an die Zukunft, an kommende Generationen, an die Wirtschaft, an die Politik, an den Weltfrieden! Ich gebe euch Organisationen, Konferenzen, Symposien, Seminare, füllt damit eure Zeit aus! Und wenn ihr unbedingt auch den Tod in eure Studien einbeziehen wollt – seht doch, daß Zeit unendlich ist! Weiter also in der Zeit fahren, weiter und weiter. Wir hüten euer Leben hier für lange, lange Zeiten. Die Geschichte eurer Länder wird alles konservieren, der Fluß mag weiterfließen, wir stellen Denkmäler für ferne Zeiten auf · Und jetzt kommt dieser, der den Namen trägt »herausgezogen aus der Zeit«, und behauptet, dieses Leben gehe nicht weiter, sondern bleibe hier in Ewigkeit. – Wo denn?, frage ich. »Ihr müßt eure Sichtweise ändern«, sagt er. »Nehmt erst einmal euer Jenseitiges *hier* ernst, dann werdet ihr es auch in eine andere Wirklichkeit ziehen lassen, dorthin, wo Gott ist. Alles bleibt dann in Ewigkeit, alles, was je erlebt wurde und erlebt werden wird« · Davon will ich nichts hören. Mir gefällt das Leben hier, und ich möchte es weiterleben. – Er frägt mich, ob ich nicht leide, da ich doch auf diesem Weg so manches zurücklassen müsse, da so vieles dann verloren bliebe. Es stimmt, ich leide, aber ich will diese Welt behalten, wie alle doch auch ihren Körper behalten möchten. Einen anderen vernünftigen Weg sehe ich nicht. Da antwortet dieser Fremde, auch er sehe keinen anderen, doch vertraue er Gott, dem Ewigen, und er habe schon so viele Wunder erlebt, die für die Vernunft unerklärlich waren. Wie dann?, frage ich. »Liebe besiegt den Tod«, sagt er. – Ist das eine Antwort?

Pharao

Ich sehe ihn, doch nicht jetzt, ich schaue ihn, doch nicht nahe; es tritt hervor ein Stern aus Jakob und ersteht ein Stab aus Israel und durchbohrt die Seiten Moabs und zerschmettert alle Söhne Schets. 4 MOSE 24, 17

Gott hatte der Stimme Bileams solche Kraft verliehen, daß sie von einem Ende der Welt bis zum andern drang. Er sah die Völker der Sonne, dem Mond, den Sternen dienen oder Holz und Stein anbeten; darum gab er der Stimme Bileams Gewalt, und sie wurde vernommen von allen Stämmen der Erde.
SAGEN DER JUDEN

Merkwürdig, je mehr man alles in den Griff bekommt, je mehr Wissen sich ansammelt, je mehr der Gebrauch der Technik zu alltäglicher Gewohnheit wird, desto mächtiger wird die andere, die verborgene Seite. Wozu eigentlich ist sie da? Utopische Träume erfüllen sich, die Wirklichkeit übertrifft bei weitem unsere Träume, dennoch wächst sogar der Ansturm dieser Verborgenheiten. Ein Mysterium, – nun, sagen wir besser, ein Problem, *das* Problem. Vielleicht wächst die Bedeutung des »Lebens nachher«, je älter, je erfahrener man wird. Schließlich ist auch der Tod ein Problem, ein Mysterium. Aber lassen wir das, es gibt schon genügend Probleme im Alltag · Nun, wenn schon geheimnisvolle Mächte näherrücken, dann will ich ihnen mit allem, was die Welt in allen Zeiten an Erfahrung mit dem Geheimnisvollen erlebt hat, entgegentreten. Schließlich hat unsere Tüchtigkeit schon manches an Beherrschung düsterer Kräfte und Mächte zustandegebracht. Ich werde das gewaltige angesammelte Wissen und Können des Lebens dieser Welt mobilisieren! Dann muß dieser Anmarsch, der immer lauter werdende Schritt des Unbekannten verstummen · Es ist nicht leicht, die Kräfte des Lebens dieser Welt für diesen Zweck zu engagieren. Aus Urzeiten scheint ihnen eine dunkle Ahnung geblieben zu sein, die sie zur Vorsicht in der Begegnung mahnt. Ich bin aber bereit, vieles Köstliche zu opfern · Doch der Gigant in den Erfahrungen mit dem Geheimnisvollen benimmt sich so unsicher! Was ist mit ihm los? Das Neue heißt er gut! Ist er verrückt geworden? Soll am Ende der Tod gut sein? Er behauptet, das Neue, das herannahende Jenseitige sei die Erlösung, sei erst das rechte Leben! Er sieht den Messias! Nicht nahe, sagt er, denn nicht zeitliche Distanz trennt uns von ihm. Er meint dieses heranmarschierende Neue. Nichts von unserer Art Wirklichkeit könne dann bestehen bleiben, alles falle in sich zusammen. Nur ein riesiger Abfallhaufen seien alle weltlichen Erfahrungen, wenn nicht das Ewige als Kern des Ganzen in seiner majestätischen Verborgenheit anwese. – Ein Stern geht aus von Jakob, sagt er. Das ist ja Unsinn. Ich bin eben ein wenig verstört jetzt. Solchen Unfug zu reden, sollte man verbieten!

Bileam muß wider Willen
Israel segnen und Moab verfluchen

> Und Mose stieg hinauf von den Steppen Moab auf den Berg Nebo, die Spitze von Pisgah, welcher vor Jericho, und der Ewige ließ ihn sehen das ganze Land...
>
> 5 MOSE 34, 1
>
> Wie aber Mose in den Tod einwilligte, da fing der Herr selbst an zu rufen und sprach: Wer steht mir bei wider die Boshaftigen? Wer steht Israel bei in der Stunde meines Zornes? Wer wird ihre Kriege führen, wer wird für sie um Erbarmen bitten? Nun fiel Metatron zu Gottes Füßen und sprach vor ihm: Gebieter der Welt! Mose ist dein, ob lebendig, ob tot!
>
> SAGEN DER JUDEN

Schau in das Land der Zukunft, deiner Zukunft! – Wie du Zukunft sehen könntest, jetzt, da du sterben müßtest? Hast du nicht gewußt, daß du jetzt schon im Ewigen lebst? Wie sonst hättest du Verbindung mit mir haben können? Du bist doch der einzige Vertraute in meinem Hause. Meinst du, das könnte sich ändern? Alles, was du bis jetzt an Schönem und Gutem erlebt hast, bleibt; und das Viele, was du in deinem Leben nur ahnen konntest, wird wirklich. Deshalb zeige ich dir die Welt der Zukunft, deiner Zukunft, denn du bist die Welt, stehst in ihrer Mitte. Du siehst, wie alles aus deinem Leben in der Zeit seinen festen und ewigen Ort hat. – Was sagst du? Du möchtest das alles erfahren, im Weitergehen erleben, aber bleiben, wo du bist? Aber du weißt doch, daß dir immer alles überraschend kam, Gnade nanntest du es. Und in schöner, weil selbstverständlicher Bescheidenheit hast du dich fortwährend gefragt, warum ausgerechnet dir alles so geschieht. Du weißt vom Geheimnis der Liebe, die hergibt und die hinnimmt. Von dieser Gnade erzählt die Verborgenheit Nebo, hier wird dir Ewigkeit geschenkt – als Gnade. Im Äußeren wolltest du dir und der Welt das Weiter-und-weiterfließen des Flusses der Zeit erklären. Aber Gnade kann man nicht erklären, der Gnade kann man nur Tür und Tor öffnen. Wenn es auch nur ein winziges Pförtchen wäre –, der Überraschungen bringt, fände es schon · Nun, du hast ihnen Erklärungen über das Weiterfließen der Zeit gegeben. Jetzt aber erfährst du, daß sie nicht so weiterfließt. Besser, du hättest die Gnade walten lassen. So kommt von nun an ein Ende des Erklärens. Durch den Tod erlebt man die Überraschung der Gnade. Und du, Hüter und Träger meines Wortes, erlebst auf dem Berg Nebo, auf der Verborgenheit der Gnade, als erster dieses Wunder. Du trägst ihr sündiges, weil nicht der Liebe vertrauendes Erklären-wollen in die Welt hinüber, wo die Verhältnisse aus Liebe erwachsen. Dein Grab wird auf Erden unauffindbar sein, weil du in mir ruhst. Sag ihnen, das sei der Tod, so gehe die Zeit weiter: als Wunder!

Mose am Nebo

Und sie brachten aus ein übles Gerücht von dem Lande, das sie ausgekundschaftet, unter die Kinder Israel ... Und Jehoschua Sohn Nun, und Kaleb Sohn Jefunne von denen, die das Land ausgekundschaftet, zerrissen ihre Kleider. Und sie sprachen zu der ganzen Gemeinde der Kinder Israel also: Das Land, das wir durchzogen haben, es auszukundschaften, das Land ist gar sehr gut ... Aber mein Knecht Kaleb, zum Lohne dafür, daß ein anderer Geist in ihm und er ganz nach meinem Sinne war, den will ich in das Land bringen, in welches er gegangen ist, und sein Same soll es besitzen. 4 MOSE 13, 32; ... 14, 6 – 7, ... 24

Als ich in die Zukunft schaute, den Weg ins Gelobte Land des ewigen Lebens ging, wußte ich eigentlich nicht, wie ich mich verhalten sollte. Vielleicht leben, dachte ich, alle, die von der Vergangenheit verschlungen worden sind, im Grab des Vergessens versunken, auch schon im Meer der Ewigkeit? Denn, wo sind meine vergangenen Tage geblieben? Wo sind meine schönen Stunden aufbewahrt, und wo meine bösen Momente, gerichtet, gesäubert, und jetzt neu und strahlend? Ist das Land der Zukunft nicht Wiederkehr der Welt der Vergangenheit? Die Welt voller Schönheit, hat Gott sie nicht zu seiner Freude gemacht, ihr Liebe zu schenken und Liebe von ihr zu empfangen? · Also begab ich mich zur Vergangenheit, ins Gespräch mit meinen Wurzeln in der Zeit, mit den Verborgenheiten aller Leben. Denn wenn der Mensch im Bild und Gleichnis Gottes geschaffen und damit ewig ist, dann ist das Vergangene auch im Jetzt anwesend, also auch in meinem Leben und in mir. Wenn ich das nicht erkenne, so heißt das, daß ich alles Vergangene zum Tode verurteile. Meine Wurzeln in der Zeit sind dann tot, und ich stehe auf Totem. Ich aber lebe auf lebendigen Verborgenheiten. So lebt auch die Zukunft schon in mir. Ihre Wurzeln sind im Himmel. Und es sind die gleichen Wurzeln · Meine Frau heißt Bathja, »Tochter des Herrn«, und meine Tochter Achsa hat ihren Namen vom Begriff der »Fußspange«; Himmel und Erde, Wurzel dort, Wurzel hier. Ich erlebe das Land der Zukunft schon im Jetzt und weiß, daß Gott der Liebende mir auch dort meinen Ort gibt. Jehoschua von Joseph, von Efraim, und ich von Juda, von Peretz; er von Rahel, ich von der Lea. So verbinden wir das strahlende Erscheinende und das heilige Verborgene. Kirjath Sefer, die »Stadt des Buches«, der »Ort der Zahl«, wird durch mich zu Dewir, zum Allerheiligsten im Tempel. Ich zählte das Vergangene, sprach mit dem Leben dort im Jetzt, und es wurde zum Heiligtum, zur Wohnung Gottes hier. Zukunft ist mir eine Gewißheit.

Kaleb

Sei stark und kräftig, denn du sollst diesem Volke das Land zuteilen, das ich zugeschworen ihren Vätern, ihnen zu geben. Nur sei sehr stark und kräftig, zu beobachten, zu tun ganz nach der Lehre, die dir geboten Mose mein Knecht. Nicht weiche davon rechts noch links, damit du Glück habest überall, wo du gehest. Nicht weiche dies Buch der Lehre von deinem Munde, und du sollst sinnen darüber Tag und Nacht, damit du beobachtest zu tun, ganz so, wie darin geschrieben; denn dann wirst du durchführen deinen Weg, und dann wirst du Glück haben.

JOSUA 1, 6–8

Das Geheimnis des fünfzigsten Tors der Erkenntnis, das Mose versagt geblieben war, es ist von Josua erlangt worden; daher wurde er der Sohn Nuns genannt.

SAGEN DER JUDEN

Wer bin ich, der da glaubt, er könne die Grenze vom Jetzt, vom Weg der Zeit, in eine Welt der Ewigkeit durchbrechen? Was geschieht, wenn eine Zeit erfüllt ist? Momente enden, Tage enden, Jahre; unbekümmert fließt die Zeit weiter. Immer endet etwas, endet Leben. Diese Grenze hat mit dem Fließen der Zeit kaum etwas zu tun. Und jetzt soll ich diese Grenze, die den Menschen erschauern macht, überschreiten. Keiner tat es je und blieb am Leben · Der mich erweckte, der mich seinen Geweckten nannte, wo ist er geblieben? Gott nahm ihn hinüber. Er war das Wort, das mich erweckte, und ich wich nicht von seiner Seite. Wer die Fülle des Wortes einmal erlebt hat, kann nicht mehr davon lassen. Bin deshalb ich es, der die Grenze lebend überschreitet? Gehend von Leben zu Leben. Und das ganze Leben, das sich mit mir baute, kommt mit · Ein merkwürdiges Wort ist mir mitgegeben: »Sei stark und kräftig!«, »chasak we-ematz«. Etwas ganz Besonderes wird von mir erwartet, ein eigenartiges Schicksal scheint mir zugeteilt zu sein. Warum erhielt nicht er, der treue Hirte, das Wort, das die Herde der Sprache zusammenhält, diese Aufgabe? Er war es, der alles trug; und wer bin ich? Er, der große Bescheidene hat mich gelehrt: Frage nicht nach dem Warum, sondern handle! Wenn man fühlt, wie schwach und eigentlich nichtig man ist, dann braucht es große Kraft und gewaltigen Mut, an diesen Durchbruch zu glauben · Kaleb ist dem Vergangenen treu. Von dorther weiß man wenigstens einiges. Ich will der Verborgenheit des Kommenden treu sein, von der man überhaupt nichts weiß. Dazu wohl ist mir das Wort »chasak we-ematz« mitgegeben. Um dieser Leere gegenüber die Treue zu wahren, dazu hat mich die Gnade Gottes erwählt.

Jehoschua vor der
Überschreitung des Jordan

Gesegnet sei vor Weibern Jaël, das Weib Chebers, des Keni, vor Weibern im Zelte gesegnet! Wasser verlangt er, Milch reicht sie, in der Schale der Mächtigen bringt sie Rahm. Ihre Hand streckt sie aus nach dem Nagel und ihre Rechte nach dem Hammer der Mühseligen, und hämmert auf Sissera, schlägt ihm in das Haupt, und zerschellt und durchbohrt seine Schläfe! RICHTER 5, 24–26

Dreißig Jahre war Sissera alt, als er getötet wurde, und er hatte schon die ganze Welt erobert. Es gab keine Festung, deren Mauern von seiner Stimme allein nicht umgefallen wären. Eines Tages beugte er sich zum Fluß hinab, um Wasser zu trinken, da blieben in seinem Bart fünfhundert Fische hängen. ... Und dieser Riese fiel von der Hand eines Weibes! SAGEN DER JUDEN

Mein Name sagt, ich sei der Steinbock, ich sei die Gemse. Hoch steige ich, geschwind bin ich. Dies braucht es im Leben, weil es so freudig ist, so klar. Man eilt doch zum Guten, eilt zur Freude. Wie Barak, der »Blitz«, aus Naphtali, der »ajalah schlucha«, der schnelle Hirsch. Alles eilt zum Guten, denn man möchte es gern und bald haben. Das ist des Lebens Sinn · In meiner Welt ist es Debora, die alles richtet. Ihrem Namen, ihrer Bestimmung gemäß, ist sie die Biene mit dem Geheimnis der Waben, des Süßen, des Honigs. Sitzt sie nicht unter der »tomer debora«, unter der Dattelpalme der Debora? Honig von der Biene, Honig aus der Dattel. Und ihr Name erzählt auch vom Worte, vom Sprechen. Wunder des Süßen, daß es das Wort bringt! Und da soll man in seinen Träumen nicht eilen? · Auf, zieht gegen den König der Kanaaniter, zieht gegen die Wirklichkeit der Alles-Erklärer, der Alles-Wisser zu Felde! Wir Frauen, wir träumen vom Wunder, wir eilen hin! Entgegen kommt uns der mächtige Feldherr der Kanaaniter: Sissera. Das Wort, das honigsüße, wird ihn bezwingen! Was brauchen wir rechnen, zählen? Das tut schon der Kanaaniter genug. – Da, er läuft davon, er sieht, daß die Himmel gegen ihn kämpfen. Erkennt ihr jetzt die Kraft des guten Wortes? · Jetzt kommt, auf der Flucht, Sissera, geschlagen, und bittet um Einlaß, um Ruhe und Schutz. Er glaubt, ich gewähre sie ihm, weil er mit einem Frieden zwischen uns rechnet. Sie rechnen zu viel. Sie wissen nicht, daß wir aus der Wurzel der Frau des Mose stammen, der Zippora, des Vogels. Ich lasse ihn ein, decke seine Füße zu, er soll nur rechnen. Und dann nagle ich ihn im Schlaf am Boden meines Zeltes fest. So geschieht's, wenn man zum Guten eilt: Dann eilt der Widersacher in sein Unglück · Hört, Debora singt von mir! Gutes in allen Zeiten kommt mir, weil ich hoch aufstieg und vom Sieg des Guten träumte. Ich gab ihm Milch, und Debora ist der Honig.

Jaël

Und es erschien ein Engel des Ewigen dem Weibe, und sprach zu ihr: Siehe, du bist unfruchtbar und gebarst nicht, aber du wirst schwanger werden, und einen Sohn gebären. Und nun, nimm dich in acht, und trinke nicht Wein und Berauschendes, und iß nichts Unreines. Denn siehe, du wirst schwanger, und gebierst einen Sohn, und ein Schermesser soll nicht über sein Haupt gehen; denn ein Nasir soll der Knabe sein von Mutterleib an, und er wird beginnen Israel zu retten aus der Hand der Philister. RICHTER 13, 3 – 5

Käme doch in diese Welt einmal wirkliche Gerechtigkeit, käme doch Ruhe mit dem Gefühl, sie werde nie mehr gestört! Mein Mann, mein Inneres, trägt doch den Namen Ruhe. Wohl lebt sie in mir, dringt aber nicht in mein Leben. Als Wunsch, als Sehnsucht lebt sie, möchte gern geboren werden, aber es bleibt, als ob ich unfruchtbar wäre, beim Wunsch. Ich scheine nicht imstande zu sein, mich meinem Innern gemäß zu verhalten · Unsere Wirklichkeit heißt Dan, »Recht«, und im Innern wohnt Manoach, »Ruhe«, – im Leben nur ein Traum der Zukunft. Warum kann sich das Verborgene, die Hauptsache, nicht offenbaren? Warum kann es nicht ins Konkrete treten? Da bringt mir auf einmal meine fragende Sehnsucht die Einsicht: Es bedarf der Änderung, der Erneuerung in meinem Leben, damit das Innere im Alltag wahr werden kann. Ich kann mich nicht mehr dem Rausch in seinen vielen Erscheinungsformen aussetzen. Der Rausch verzerrt die Gerechtigkeit, macht habgierig, faul. Ja, man kann nicht reine Gerechtigkeit träumen und zugleich disharmonisch, formlos leben. Als wäre der zeitliche Genuß entscheidend! Und die sinnlose Aufregung, wenn nicht alles, was der Rausch verheißt, sofort eintritt! · Ich muß jetzt aufmerksam sein, auch das Geringste in meinem Leben und in der Welt ernstnehmen. Mein Inneres kommt mit all dem nicht gut mit. Glaubt es zu wenig? Aber ich spüre, wie jetzt Neues aus mir hervorkommt. Wird es endlich Ruhe und Recht geben? Wie die Sonne strahlt das Neue! Aber die Nacht verdunkelt alles, die Finsternis kann das Licht nicht fassen. Ich weiß, dieses Neue, es wird nicht bleiben können, wird wieder gehen müssen. Aber es hat sich gezeigt, ein Durchbruch, ein Anfang ist da · Mutter Rahel war unfruchtbar. Aber durch Bilha, ihre Magd, wurde Dan geboren. Ein Anfang, ein Durchbruch! Nach vier Söhnen von der Lea. Erst mit Joseph, den Rahel nach zehn anderen Söhnen Jakobs gebiert, ist das Versprechen, das sie von Anfang an kannte, eingelöst. Ich habe den Anfang erlebt, ich weiß, daß der endgültige Erlöser kommen wird. Ich weiß, was dazu gehört, daß das Erscheinende und das Verborgene in Einheit leben können. Dann wird die Nacht so hell sein wie der Tag.

Manoachs Frau

An dem Tage, da Naomi mit ihrer Schnur nach Bethlehem zurückkam, war die Frau des Boas gestorben. Da versammelte sich ganz Israel, um an ihr Gnade zu erfüllen. Eine Frau hatte Bethlehem verlassen, eine neue war nach Bethlehem gekommen.

SAGEN DER JUDEN

Wie das Leben einen führt! Man plant, man greift ein, und alles kommt doch anders. Wenn wir einmal lernen könnten, alles als zum Guten kommend hinzunehmen, denke ich oft. Aber ist das nicht auch eine dumme Schlußfolgerung? Denn alles kommt ja gerade so, wie es kommen muß, weil ich ständig eingreife. Zwar kommt dann meistens nicht das heraus, was ich mit meinem Eingreifen bezweckte, aber es ergibt sich durch meine Aktivität doch das, was Gott will. Ohne mein Handeln käme es nicht · Mein Eingreifen ist also meine Antwort auf Gottes Wort an mich, und das äußert sich im Geschehen. Fortwährend habe ich mich gegen mein Schicksal aufgelehnt, weil es mir immer nur das Entgegengesetzte von dem brachte, was eigentlich mein Name aussagt: »die Angenehme, die Liebliche«. Nun, das »Angenehme«, das ich erlebt habe, mag ich nicht einmal meinem ärgsten Feind gönnen. Schon mit dem Weg nach Moab fing es an. Wer geht schon den umgekehrten Weg, wer geht schon nach Moab! Von dort kamen wir doch, und wohnten dann in Bethlehem. In Bethlehem aber herrschte Hungersnot, weil das Wort aus dem Himmel dort nicht mehr vernommen wurde. Da wollten wir es anderswo suchen · Mein Mann heißt »mein Gott ist König«. Soll ich ihm nicht folgen? Aber in Moab stirbt der Mann, stirbt unsere Verborgenheit. Nur Frauen können in Moab leben. Mein Sohn Machlon, das heißt »der Vergebende«, nimmt die Moabiterin Ruth zur Frau, die mit dem Namen »die Sicht«. Sah er, sah sie? Einsicht? Vergebung? Wurde mir deshalb dieses Bittere zuteil, damit aus Lot, dem Vater Moabs, jemand mit dieser Sicht hervorgeht und als Lebenskern die Vergebung erhält? · Und Boas, der, »in dem Kraft« ist, spürt es und wagt es mit seiner Kraft. Würde man es auch nur zu träumen wagen, daß aus dieser Begegnung David und sein Sohn geboren wird, der gerechte Erlöser? Und wer hätte gedacht, daß Ruth, die mit der »Sicht«, meinen Entschluß, allein aus Moab nach Bethlehem zurückzukehren, teilt und mitkommt, trotz allem, was dagegen spricht? · Wie angenehm ist mein Leben, wie lieblich! Wer würde das vermuten?

Naomi, Ruths Schwiegermutter,
Ur-Urgroßmutter Davids

Und Ruth sprach: Dringe nicht in mich, dich zu verlassen, mich abzukehren von dir; denn wohin du gehest, gehe ich, und wo du weilest, weile ich; dein Volk ist mein Volk, und dein Gott ist mein Gott. Wo du stirbst, sterbe ich, und dort will ich begraben werden.

RUTH 1, 16–17

Und Orpa küßte ihre Schwieger und kehrte zurück; Ruth aber hing ihr an. Da sprach der Herr: Die Söhne derer, die da geküßt hat, sollen fallen von der Hand der Söhne derer, die da an ihrer Schwieger hing. So fiel Goliath, Orpas Sohn, durch David, den Sohnessohn der Ruth.

SAGEN DER JUDEN

Ja, ich muß mit »der Angenehmen, der Lieblichen« gehen, obwohl ihr Schicksal sie als Geschlagene ausweist, als eine, bei der Grundlegendes nicht stimmt. So war es auch mit meinem Mann. Wo wurde ihm vergeben? Er starb in der Fremde. Sie hat recht, hier werde ich keinen Mann mehr finden, meine Erscheinung findet keinen, der sie erfüllen kann · Machlon, die »Vergebung«, hat mich erfüllt. Aber es kam keine Frucht, die Erfüllung hat nicht gewirkt. Ihm auch bleibe ich treu, wenn ich in seine Welt, in seine Wirklichkeit trete. Es ist mir nicht klar, was Vergebung ist und was das Angenehme; aber es zieht mich unwiderstehlich dorthin · Auf dem Feld in Bethlehem sammle ich das von der Ernte Übriggebliebene ein. Es ist wie mein Schicksal: Nur aus dem Zurückgelassenen, dem nicht Bemerkten kommt mir Ertrag. Die Ernte selbst ist für das in der Welt Stimmende. Bei mir hat es in der Welt nicht gestimmt. So liegt bei mir die Lösung auch gewiß dort, wohin man sonst nicht schaut, in dem, was man als unwichtig fallen läßt. Da sagt der Herr des Feldes, der, »in dem die Stärke, die Kraft wirkt«, er trete an die Stelle der »Vergebung«, von Machlon. Erst aber wolle er sehen, ob der »Normale«, der Namenlose, der »ploni almoni«, mich nehmen kann. Natürlich wagt der es nicht, ich *bin* keine Normale. Ich glaube, was keiner fassen kann. Deshalb kann es auch nur ein überaus Starker wagen, mich als Kern zu erfüllen. Die Frucht einer solchen Begegnung muß außergewöhnlich sein. Naomi wird endlich die Liebliche, die Angenehme. Welch eine Wende in meinem Leben! Weil eine Sicht von Harmonie, von Freude für die Welt, von Hingabe und Hinnehmen mich zieht. Unglaublich, dieses Angezogen-werden von solchen Träumen, ganz außerhalb des Gewöhnlichen!

Ruth

> Saul aber sowie das Volk verschonten den Agag und die guten Schafe und Rinder. Saul rechtete mit seinem Schöpfer und sprach: Wohl hat der Herr geboten, Amalek auszurotten; aber, wenn auch die Männer schuldig sind, was haben die Frauen gesündigt? Was haben die Kinder verbrochen? Und Rind und Esel und Schaf – was haben die Übles getan? Da erscholl eine Stimme vom Himmel, die sprach: Sei nicht gerechter, als dein Schöpfer ist!
>
> SAGEN DER JUDEN

Jedem das seine! Was geht mich der andere an, wenn ich nicht gerade gezwungen bin, mit ihm in wirtschaftlicher oder gesellschaftlicher Beziehung zu verkehren? Dieser Verkehr ist schon wichtig. Er soll klaren Regeln unterworfen sein, denn es geht dabei um den Vorteil, den Nutzen, den man voneinander hat. Erträglich ist für mich die Existenz des anderen, wenn sie mir Nutzen bringen kann. Als Produzent und als Konsument. Dann fördere ich ihn sogar gern. Und die Summe aller Nutzen ist der Nutzen von Amalek, dessen König ich bin. Vom Beginn des Wortes an sagt doch mein Name, daß ich auf dem Werk, der Leistung beruhe · Alles wird an der Leistung gemessen. Ich mag sogar Kunst, Literatur und – hört gut zu! – Religion, wenn sie nur der Produktivität, wenn sie Amalek dienlich sind. Mein Maßstab ist mein Name, ist die sichtbare, konkrete Leistung. Wer das nicht einsieht, ist ein Parasit, ein Unnützer, kurz gesagt: ein Spinner · Da gibt es nun im Menschen das, was sich Israel nennt, und mit dem bin ich in einen immerwährenden Krieg verwickelt. Die reden doch tatsächlich – und natürlich ist das nur blödes Bla-bla – von einem Primat des Verborgenen, das sie das Heilige nennen. Damit zeigen sie, daß sie Faulenzer, Parasiten, Reaktionäre sind. Denn der redliche Mensch macht seine Arbeit, tut seine verdammte Pflicht. Gegen diese dunklen Kräfte ziehe ich zu Felde · Die Welt enttäuscht mich, der Mensch ist noch lange nicht so progressiv, wie ich dachte. Dieses Israel hat gesiegt. Aber sie nehmen doch Vernunft an, sie sehen ein, daß eine Welt ohne gut organisiertes Managertum nicht auskommen kann. Sie müssen mich am Leben erhalten, müssen die Prinzipien von Amalek schonen. Amalek ausrotten – so ihre Devise – *können* sie nicht. Der König von Israel, mein Antipode, hat Mitleid. Damit aber ist er in eine für ihn verhängnisvolle Grube gefallen, ist in die Falle eines Amalek-Prinzips geraten. Was er Mitleid nennt, ist doch nur Selbstmitleid. Er glaubt, daß eine Welt ohne Leistung, ohne Vorteilsabsicht, nicht existieren kann. *Seinetwegen* läßt er mich leben. Seine Güte rührt ihn zu Tränen! Jedem das seine! Er hat Amalek eingeatmet, jetzt ist Amalek in ihm.

Agag, König von Amalek

Und Samuel sprach: Bringet her zu mir den Agag, König von Amalek. Und Agag ging zu ihm lustigen Schrittes, und Agag sprach: Fürwahr, gewichen ist das Bittere des Todes. Und Samuel sprach: Wie dein Schwert Weiber der Kinder beraubt hat, so sei kinderberaubt vor Weibern deine Mutter! und Samuel hieb den Agag in Stücke vor dem Ewigen in Gilgal.
1 SAMUEL 15, 32–33

Ein Weiser sprach: Der Herr sah voraus, daß von Agag dereinst ein Feind und Bedrücker der Juden kommen sollte, von Saul wiederum ein Erlöser und Rächer. Welche sind damit gemeint? Der Bösewicht Haman und Mordechai, der Gerechte. SAGEN DER JUDEN

Der Krieg geht weiter. Jetzt kommt Samuel, ihr Prophet. Er heißt, bedrohlich genug, »Gott ist sein Name«. Gott – das ist doch dieses Unexistierbare, nicht zu Formulierende, diese merkwürdige Kraft aus der weltlichen Schwäche, die dennoch auf Dauer die Welt regiert. Eine Taktik voller List: Immer verlieren, immer auf der Flucht, und immer dasein, immer Sichbehaupten, immer alles lenken. Ein redlicher Mensch wird schon einsehen, daß ohne Wirken und Leisten hier nichts anzufangen ist. Sie werden, hoffe ich, gescheit genug sein, diese Transzendenz abzukneifen. Wie soll einer hier erfolgreich sein, wenn er diesen sogenannten Himmel miteinbezieht? Meine Lehre ist klar, sauber, befriedigend, sie schaltet Widersprüche aus und ist wissenschaftlich belegbar. Ausnahmen werden in Schranken gehalten. Wie ich zum Beispiel Israel in mir in Schranken halte, sozusagen im Museum. Ich sage, so *war* es einmal, und Nützliches enthielt es auch. So klopfen wir alles in der Welt auf seinen nützlichen Effekt hin ab. Nichts darf verlorengehen, die Maßstäbe setzt Amalek · Nun, ich weiß, Samuel kennt keine Kompromisse in dieser Hinsicht, er trägt ja Gott im Namen. Und Gott ist ewig, sagt man. Meinetwegen, aber dann ist *diese* Welt für Amalek. Wir teilen das Reich. Diesen vagen, dazu völlig unwissenschaftlichen Begriff »ewig« ertrage ich einfach nicht. Eine klare Anmaßung von Israel! · Was sogar Samuel überraschen wird: Ich habe in dieser Nacht meiner Frau beigewohnt, wie die Schlange der Eva. Daraus wird eine für Israel verhängnisvolle Frucht kommen. Die Geschichte wiederholt sich, so benutze ich dieses ewige Prinzip. Denn aus mir wird Haman hervorkommen, dessen Name den Verzweiflungsruf Gottes enthält: »Hast du vielleicht von diesem Baum genommen?« – Ja, ich habe, und bin stolz darauf! So ist Amalek und wird euch bis ans Ende der Tage verführen. Denn ich gönne euch die Liebe nicht, ich bin kühl und vernünftig. Jedem das seine. Verstanden!?

Agag vor der Hinrichtung
durch Samuel

Und Jischai führte seine sieben Söhne an Samuel vorüber, und Samuel sprach zu Jischai: Der Ewige hat diese nicht erwählt. Und Samuel sprach zu Jischai: Sind zu Ende die Jünglinge? Und er sprach: Noch ist das kleinste übrig: siehe, er weidete die Schafe. Und Samuel sprach zu Jischai: Schicke und laß' ihn holen; denn wir wenden uns nicht weg, bis er hierhergekommen. Und er schickte und ließ ihn kommen, und er war rot, dazu von schönen Augen und wohlgebildet. Und der Ewige sprach: Auf, salbe ihn, denn er ist es. Und Samuel nahm das Horn mit Öl und salbte ihn inmitten seiner Brüder und hereinbrach der Geist des Ewigen über David von selbigem Tage an und weiter.

1 SAMUEL 16, 10 – 13

Was für einer bin ich? Fast mit keinem Menschen kann ich umgehen, scheine in einer imaginären Welt zu leben. Sagen wir also, ich sei weltfremd. Auch zu Hause nimmt man mich nur mit leichtem Achselzucken zur Kenntnis. Meine Mutter, munkelt man, sei eine fremde Frau gewesen. Vielleicht habe ich es von ihr, daß ich mich nicht integrieren kann in die Gesellschaft der Normalen, der so überzeugt Anständigen. Ich bin gern für mich und träume von Zusammenhängen. Im Traum bin ich ein guter Hirte. Ich stelle mir vor, König von Israel zu sein. Die anderen wissen davon natürlich nichts, sie würden mich ja auch nur für verrückt oder für gefährlich halten · Da kommt doch eines Tages der Prophet Samuel zu uns. Mich lassen sie bei einem solchen Besuch einfach draußen auf der Weide. Bei meinem Vater Jischai soll, seinem Namen gemäß, der Gesuchte sein. Wer aber ist es? Schließlich sucht Samuel nicht irgendwen, sondern den wahren König Israels! Nun, Samuel läßt sich meine sieben Brüder vorführen, die in den Augen der Welt etwas darstellen. Aber das sind Maßstäbe Amaleks. In dieser Siebenheit findet er keinen. Ob nicht noch einer, den man vergessen hat, da sei, fragt Samuel. Da erinnert man sich meiner, des achten Sohnes. So ist es immer: Man schaut auf das Imponierende, Gott aber meint das Verborgene, das Herz. In der Welt der Sieben kommt man nicht weiter. Das Verhältnis zu Gott bleibt intim. Deshalb wird die Welt mich auch immer falsch beurteilen, denn sie schaut nach den Maßstäben des Äußeren, des Vergänglichen. In ihren Augen werde ich einer sein, der fliehen mußte, sich verstecken, einer, der unverständlich handelte. Was weiß die Welt vom Salböl, das sich zu mir hin ergoß? Wie sollte sie auch wissen, daß ich schon jetzt der Gesalbte bin? Und vor allem: Wie soll sie begreifen, daß ich meinem Namen nach Gottes »Geliebter« bin? Das bleibt mein gehütetes offenbares Geheimnis.

Der junge David

Und es geschah, als sie einzogen bei der Rückkehr Davids vom Erschlagen des Philisters, da zogen aus die Weiber aus all den Städten Israels zu Gesang und Reigentänzen dem Könige Saul entgegen, mit Pauken, mit Jubel und mit Triangeln. Und es stimmten an die Weiber, die spielten und sprachen: Saul hat geschlagen seine Tausende und David seine Myriaden. Und es verdroß den Saul sehr, und diese Rede mißfiel in seinen Augen und er sprach: Sie haben dem David Myriaden gegeben, mir aber haben sie die Tausende gegeben; nun fehlt ihm nur das Königtum noch. Und Saul sah scheel auf David von selbigem Tage an und weiter. 1 SAMUEL 18, 6–9

Ich soll hier König sein, in dieser strahlend schönen Welt. Ich soll die Welt erhalten, ernstnehmen und sie mit der Ewigkeit verbinden, das heißt, sie heiligen. Ich wurde dazu nicht meiner Leistungen wegen erwählt, denn wer weiß besser als ich, wie gering ein Mensch hier ist, ein Mensch, der aus der Ewigkeit stammt. Wie fremd und scheu muß er hier sein, wie wenig kann er tun! Ist nicht alles in Gottes Hand? · Man macht mir oft den Vorwurf, ich sei zu bescheiden. Ja, ich kann mich nicht so schwerwiegend ins Geschehen einschalten, das Weltliche ist mir nicht so wichtig. Ich lasse es sein. So regiert es sich am besten, auch das persönliche Leben läuft ruhiger. Entsprechend habe ich die Prinzipien von Amalek in ihren Auswirkungen sehr geschwächt, in ihren Übertreibungen und Perversitäten streng eingeschränkt, aber irgendwie doch integrieren müssen. Etwas leisten muß der Mensch schon, sonst kann weder ein staatlicher noch ein privater Haushalt bestehen. Und als der Prophet, Gottes Wort in unserem Leben, mich auf einen schwerwiegenden, mir immer noch unvorstellbaren Fehler hinwies, habe ich sofort Einsicht gezeigt. Dennoch schnitt er das Königreich von mir ab. Und der es erhält, warum ist bei ihm gleich alles gut? Während ich ständig mit den Philistern kämpfe, mit denen, die die Versuchung vom Ende der Zeit bringen, besiegt er, fast wie ein Zauberer, den Giganten der Endzeit, den Goliath, die strotzende Kraft der Materie, mit dem Schleudern *eines* Steins. Ja, ich weiß, den einen der fünf, das ist es. Die Kraft des Verborgenen. Von dorther stammte die Waffe, die den Unüberwindlichen, den entscheidenden Zwang der Materie, niederstreckte. So hieb David auch das Haupt des Goliath, diese Eins der Vier des Körpers gegenüber ab. Ich sehe ein, daß er recht tat. Aber warum singt und jauchzt die Welt von seinen Taten, und meine stehen im Schatten? Die Welt spürt die Kraft der Verborgenheit, die Kraft der Eins gegenüber den Vier. Einerseits verlangt sie nach Leistungen, andererseits singt sie von der Kraft der Verborgenheit. Ist es nicht auch mit unserem Körper so? Und geht es nicht um die aus der Verborgenheit hervorkommende Leistung? Man darf hier nicht leisten im Sinne kausaler Konstruktion. Das aber ertrage ich nicht. Deshalb brennt meine Eifersucht.

Sauls Eifersucht

Von David, da er verstellte seinen Verstand vor Abimelech, der ihn forttrieb, und er ging.
Ich will den Ewigen preisen zu jeglicher Zeit, stets sei sein Lob in meinem Munde.
In dem Ewigen rühme sich meine Seele, hören sollen es die Gebeugten und sich freuen.
Verherrlicht den Ewigen mit mir und lasset uns seinen Namen erheben zumal!
Ich suchte den Ewigen und er hat mich erhört, und aus all meinen Schrecknissen hat er mich gerettet.

PSALM 34, 1–5

Ich muß mich daran gewöhnen, das ständige Auf-der-Flucht-sein als Auserwählung zu empfinden. Es ist eine Folge meiner Lebensweise mit Gott. Die Welt erträgt das nicht. Ich meine mit der Welt alle, die Erklärung brauchen, Übersicht im Sinne des Kausalen. Sie wollen über ihren Verstand alles beherrschen. Also zustimmend oder ablehnend über Gottes Lenkung urteilen, Gott gleichsam eine gute oder schlechte Note geben. Was für ein langweiliges Leben! Warum wissen sie nichts von Vertrauen? Sie sind neidisch, weil sie spüren, daß ich ein ganz besonderes Verhältnis zu Gott, zum Heiligen, zum Ewigen, habe. Flucht bedeutet für mich ein Distanzbewahren, ich mag nicht, daß sie mich berühren. Kennen Tiere nicht auch diese Fluchtdistanz? Die Menschen dürfen ihnen nicht zu nahe kommen, sogar der Löwe flieht dann. Berührung hat etwas von Gemeinschaft. Und ich fühle, ehrlich gesagt, keine Gemeinschaft mit ihnen. Selbst die Regungen der Feinde dieser Normalen sind mir näher · Warum habe ich dennoch ein schlechtes Gewissen der Welt gegenüber? Meine Auserwählung begleitet kein Gefühl des Hochmuts. Ich habe sie nicht vom Himmel erwartet; es war eine Überraschung. Ich staunte immerzu. Es geht mir doch darum, die Welt zu umarmen, vor Freude vor ihr zu tanzen und zu singen. Und wenn sie mich nicht verstehen, dann schaue ich weg, nehme ihr Unverständnis einfach nicht zur Kenntnis. Ich spiele, als gäbe es kein Nichtverstehen, dann gewöhnen wir uns daran, uns zu verstehen. Nicht gerade hier, kausal, intellektuell, sondern dort, ohne Worte, wo in einem Lächeln alles liegt, wo stille Treue mehr ausdrückt als viele gescheite Bücher. Wächst die Dummheit dennoch, bis sie nicht mehr ertragen werden kann – nun, dann fliehe ich wieder. So flieht vielleicht die Seele auch den Körper. Nächste Station. Macht nichts. Liebe ist stärker als der Tod. Ich komme immer wieder.

David auf der Flucht

Und David sprach in seinem Herzen: Jetzt werde ich an irgend einem Tage doch weggerafft werden durch die Hand Sauls. Für mich ist nichts Besseres, als daß ich entrinne in das Land der Philister, und Saul begibt sich meiner, mich ferner nicht zu suchen in dem ganzen Gebiete Israels, und ich bin seiner Hand entronnen.
1 SAMUEL 27,1

Das Geheimnis, der verborgene Sinn der Philister ist ihr Siegesbewußtsein in der entscheidenden Auseinandersetzung am Ende der Zeiten. Gemeint ist damit das immerwährende Jetzt, denn ist nicht jedes Jetzt Ende der Zeit? Es ist die Überzeugung des Menschen, daß *seine* Überlegungen zum schlüssigen Erfolg führen müssen. Andernfalls haben Leben und Welt keinen weiteren Sinn. Deshalb ist er so schnell dabei, Weltuntergang vorauszusagen, und deshalb lebt er auch in Angst vor der Katastrophe im eigenen Leben. Kann er nicht mehr weltlich mitmachen, ist ihm der Sinn genommen, und sein Leben bricht in haltlosem Endgenußrausch zusammen · Israels König Saul kann den Philistern nicht beikommen, weil er selbst mit dem Paradox von Zeit und Ewigkeit nicht zurechtkommt. Er findet keine Antwort auf die zwingende Schlüssigkeit sinnvoller Progressivität. Gott will doch offenbar die Entwicklung. Führt sie, an ihrem Höhepunkt, nicht zur Ewigkeit? · Ach, daß Israel nicht einsieht, wie das Ewige jeden Moment schon lebt! Kann überhaupt etwas sein, ohne daß es das Ewige als göttlicher Funke belebt? Aber Saul, diese wahnsinnige, grundlose Aggression aus dem Lebensparadox, verfolgt mich und will mich umbringen, weil er mein Glück in Gott, meine Freude im Leben nicht ertragen kann · Ich will zu den Philistern gehen, die jedenfalls spüren, daß ich nicht *hier* ihr Gegner bin. Sie wissen, daß ich aus einer ganz anderen Welt stamme, wo aber auch sie ihren Platz im Hause Gottes haben. Denn jeder Mensch ist im Bild und Gleichnis Gottes. Ich fühle mich in jedem Jetzt wohl, in jedem »Ende«. Gerade im Jetzt und Hier wird die Entscheidung der Erlösung sein. Ich wäre auch bereit, einem Kampf im Jetzt zwischen Saul und den Philistern in der Nähe der Philister beizuwohnen. Aber das ist den Philistern unheimlich. Ich weiß, Saul verliert den Kampf. Ich selbst werde zu seiner Zeit der Bedrohung durch die Philister ein Ende bereiten müssen. Ich gehe nicht gebückt unter dem Druck des Paradoxons. Das kann Israel und sein ängstlicher König nicht verstehen. Schade um diesen gütigen Bescheidenen! Der Herr hat mir ein Bündnis mit seinem Sohn Jonathan geschenkt. Ein Bündnis für die Endzeit.

David bei den Philistern

Michal sah David springen und tanzen vor dem Herrn und verachtete ihn in ihrem Herzen. Sie sprach zu David: Die Männer meines Vaterhauses waren alle ehrenwerter als du; niemals hat irgendeiner von ihnen die Hand, den Fuß oder die Ferse vor andern entblößt. David erwiderte ihr: Das Geschlecht, aus dem du stammst, ist nur auf seine eigene Ehre bedacht, und keiner kümmert sich um die Ehre Gottes; ich aber achte meiner Würde nicht und suche den Ruhm des Herrn zu mehren. SAGEN DER JUDEN

Ich liebte David, den Besieger der Philister. Ich glaubte, er siege durch seine Kraft, seine Strategie, seine List, seine Vernunft, seine Kenntnisse. Ich war ihm treu. Obwohl meinem Vater dieser David schon von Anfang an suspekt war · Eigentlich liebe ich ihn noch immer. Aber ich kann ihn nicht verstehen. Mir graut sogar etwas vor ihm, denn er hat seine Kraft nicht von dorther, woher jeder Mensch sie bezieht: aus seinem Mut, seiner Übung, seiner Gewöhnung im Kampf. David hat sie aus einem Bereich, der mir eigentlich zuwider ist. Aber jetzt ist unser Bruch klar zu Tage getreten, denn es hat sich gezeigt, daß ich, die Tochter des Königs Saul, nicht zu David passe. Er hat keine Würde. Er verkehrt mit Menschen aller Schichten der Gesellschaft, mit jedem, der gerade glaubt, ihn ausnützen zu können. Ist das königlich? Mein Vater wird mir einen anderen Mann geben, einen, der zu einer Königstochter paßt · David findet nichts dabei, sich vor der Masse, dem Groben der materiellen Erscheinung, zu entblößen, also seine Gefühle zu zeigen, die Worte zu singen, die Geschichten zu tanzen. Er behauptet, in der Welt der Verborgenheit seien alle Menschen im Bild und Gleichnis Gottes, dort könne es jeder, wer es auch sei, verstehen; dort gebe es das Gehimnis des Dummen, des Kranken, des Verbrechers, wie es auch das Geheimnis des Priesters, des Weisen, des Gelehrten dort gebe. Und was ist dann ein König?, frage ich ihn. Ein König, antwortet er mir, sei hier wie Gott im Himmel, der die ganze Welt liebe und sie mit unermeßlicher Gerechtigkeit richte. – Was habe ich hier davon? Nein, den Sohn dieses Davids könnte ich nicht tragen. Aber, wenn es so ist, wie er sagt, dann wird er am Ende doch auch mich dort annehmen. Denn ich liebe ihn noch immer, er ist eigentlich unvergeßlich. Ich ärgere mich nur, weil ich das alles nicht verstehe.

Michal

Und Samuel sprach zu Saul: Warum hast du mich aufgestört, daß du mich heraufbringen lassest? Und Saul sprach: Mir ist sehr bange, und die Philister streiten gegen mich, und Gott ist von mir gewichen und antwortet mir nicht mehr, weder durch Propheten noch durch Träume, da ließ ich dich rufen, mir kund zu tun, was ich unternehmen soll.

1 SAMUEL 28, 15

Ich habe alles versucht, was ich konnte, habe ich getan. Es scheint, daß ich im Grunde Pech haben muß. Charakterveranlagung, also Schicksal? Vielleicht habe ich immer zu viel nachgedacht, wenn nicht alles so kam, wie ich es erwartete; aber eigentlich habe ich auch immer alles aus Gottes Hand angenommen. Mag sein, daß ich zugleich alles erklären, alles rechtfertigen wollte. Als ich dann keinen schlüssigen Gedankengang mehr fand, fing mein Nörgeln, mein Grübeln an. Ich fragte mich, was ich schon falsch gemacht hätte. Ich suchte wohl zu viel im Äußeren, wo die Tat noch eine kausale Begründung findet. Es liegt aber tiefer, verborgen. Das wohl ist das Geheimnis Davids. Er fragt nicht, grübelt nicht, ist immer guter Dinge, weil ihm im Grunde wohl ist. Woher mag er das haben? Er ist ein Träumer, eigentlich ein lästiger Phantast. Aber Gott in seiner ewigen Freiheit, ist er nicht der größte Phantast? Wie er die Welt mit endlosen und unendlich vielen Geschichten lenkt! Diese Freiheit! Mir ging sie verloren, als ich über meine Schuld im Zusammenhang mit Amalek nachdachte. War dieses Nachdenken nicht schon die Ansteckung durch Amalek, durch Agag? Wie ein »Dach« trennt Agag diese Welt von der ewigen. David glaubt, liebt, ist glücklich. Er nimmt solch ein trennendes Dach nicht zur Kenntnis. Das ist seine Freiheit, seine Majestät · Aber mein Sohn mit dem Namen »der Herr gibt« hat ein Bündnis mit David. Ihre Söhne werden zu einem verschmelzen, obwohl es zwei sind. Wie Sonne und Mond werden sie zu einem Licht werden, dem Licht der Schöpfung, dem Urlicht. Ich weiß, ich werde bei den Philistern untergehen. Ich bin doch von Josephs Seite, von Benjamin. Geht nicht auch Schimschon aus Dan bei den Philistern unter? Auch Dan ist von Josephs Seite, von der Mutter Rahel über ihre Magd Bilha. Der Messias, Sohn Josephs, geht unter. Der »Herr gibt«, Jehonathan, der Herr schenkt aber das Bündnis zwischen David aus Juda und Joseph, mit mir, mit meinem Sohn. Tod und Leben verbunden, der Messias, Sohn Davids, lebt. *Ein* Messias, der Tod ist überwunden!

Saul am Ende

In fünf Behausungen wohnte David, und aus jeder sang er ein Loblied. Da er noch im Mutterleibe war, sprach er einen Segen; als er die Luft dieser Welt zu atmen anfing und die Gestirne und Planeten am Himmel erblickte, da sang er eine Hymne; wie er an den Brüsten seiner Mutter sog, dichtete er ein Preislied; später, als er die Feinde bezwungen sah, rief er einen Siegesgesang aus; und sogar, als er seinen Todestag nahen fühlte, lobte er den Herrn.

SAGEN DER JUDEN

So bin ich nun, singend und tanzend, bis ins Herz der Welt, ins Zentrum des Lebens gekommen. Meine Freude, die mich durch das Leben geführt hat, muß der Freude Gottes über seine Schöpfung nahe sein. Denn verließe ich mich auf die Augen meiner Sinne, sie verführten mich gleich und zeigten mir das Leben nur als düstere Angelegenheit · Wie kann man Freude erleben, während man spürt, wie alles vergeht, wie alles verwest? Ja, es ist gut, daß sich auch diese zeitliche Sicht immer manifestiert und ein Gespräch mit meiner ewigen Schau anfängt. Die Fragen, die meine Sinne dabei aufwerfen, bleiben ohne Antwort; und in der Aufregung und Empörung darüber sehe ich erst recht ein, daß die Antworten nur aus der Freude, aus meinem Leben im Ewigen kommen können. Das ist mein Tanz: erst das eine Bein, dann das andere, aber harmonisch zusammen. Es geht nicht darum, welches wichtiger ist; nur zusammen können sie tanzen · So lobt mein Leben immerwährend Gott im Singen der Worte, in ihren Themen, Variationen und Liedern. Auch dort keine unfruchtbare Eindeutigkeit. Was interessieren mich die Theorien der Gegensätze? Ich habe Freude, sie zu paaren. Dann kommt aus den unerwartetsten Momenten Frucht, strahlend, dauerhaft, Ewigkeitsfunken im Herzen. Welches Glück, wenn ich einsehe, wer »der Sohn Davids« ist! Man kann es empfinden, wenn man an meiner Freude, an meinem Gefühl der Sicherheit, der Gewißheit teilhat. Ich lade jeden ein, mit mir diesen Weg nach Jerusalem zu gehen, nach dem ewigen, himmlischen Jerusalem, der zu allen Zeiten Glück und Freude auf Erden schenkt. Nichts bleibt außerhalb in diesem Glück · »David, König von Israel, lebt und besteht«, heißt es. So wird es zu allen Zeiten gesagt. Und alle Zeiten sind mir gleich gut, wenn sie mir nur im Glück, im Eden begegnen!

David, König in Jerusalem

Und es geschah, (zur Zeit) da das Speiseopfer dargebracht wird, da trat Elia der Prophet hin und sprach: Ewiger, Gott Abrahams, Isaaks und Israels, heute werde kund, daß du Gott bist in Israel, und daß ich dein Knecht bin, und daß auf dein Wort ich all diese Dinge getan habe. Erhöre mich, Ewiger, erhöre mich! so wird das Volk erkennen, daß du, Ewiger, Gott bist, und du hast (alsdann) ihr Herz umgewendet. Da fiel herab ein Feuer des Ewigen, und verzehrte das Opfer, und das Holz, und die Steine, und die Erde, und auch das Wasser, das im Graben, leckte es auf. Und als das ganze Volk das sah, da fielen sie auf ihr Angesicht und riefen: Der Ewige, der ist Gott, der Ewige, der ist Gott!

1 KÖNIGE 18, 36 – 39

»Der Herr ist mein Gott«, lautet mein Name. Der Herr: die Überraschung im Fließen der Zeit, die Begegnung mit dem Unerwarteten. Sonst erwartet man im Laufe der Zeit doch nur, was im Bereich des Möglichen liegt, was mit der Entwicklung der Dinge, wie man sie übersehen und berechnen kann, irgendwie übereinstimmt. In mir aber lebt das tiefverborgene Gefühl, daß die Erlösung die Überraschung an sich ist. So sehr fällt sie aus dem Konzept jeder Erwartung, daß sie das weltumstürzende Ereignis überhaupt sein muß · In meiner Erscheinung in der Zeit, wo alles in unendlich viele Momente zerteilt ist, komme ich jedesmal mit Überraschungen. Ich kann nicht anders. Und da Erlösung freudige Überraschung ist, ist jede Begegnung mit mir ein Vernehmen einer guten Nachricht, eine Geschichte, die zu einem befreienden Lachen führt, ein Witz, der die Relativität von zeitlich drükkenden Dingen aufzeigt, überhaupt ein Gefühl allgemeiner Erleichterung. Dazu gehören auch die Momente, wo einem der Vorhang, der die Geheimnisse verbirgt, ein klein wenig gelüpft wird. Auch dann Erleichterung, Aufatmen · Und von Fragen, die als unlösbar gelten, weiß man, daß ich sie mit dem Kommen des Messias lösen werde. Man nennt mich auch den Tischbi, weil in diesem Namen das »Zurückkehren«, die Heimkehr zum Ursprung, zum Ewigen als unmögliche Möglichkeit erwartet wird. Ich werde auch der Gileadi genannt, also »die Form ist mein Zeuge«; damit verkünde ich den Messias, der doch auch in der Form, im Leben hier, erscheint. Wie sonst könnte Freude herrschen? · Habt keine Angst in der Zeit! Immer, wenn Überraschungen zum Guten eintreten, erkennt ihr meine Zeichen. Sie wollen euch sagen, daß am Ende der Zeit die große Überraschung als Summe aller nur möglichen kleinen Überraschungen bereit ist. Die Summe ist mehr als alle Teilchen, die Einheit ist bedeutsam mehr! So laßt uns immer freudig sein.

Elia

Und Achab, Sohn Omris, tat, was böse ist in den Augen des Ewigen, mehr als alle, die vor ihm waren. Und es geschah – war's zu gering, daß er ging in den Sünden Jarobeams, Sohnes Nebat? – daß er zum Weibe nahm Isebel, Tochter Etbaals, Königs der Zidonim, und er ging, und diente dem Baal, und bückte sich vor ihm. 1 KÖNIGE 16, 30 – 31

Sie kann mich nicht verstehen, denn sie spürt, daß ich einer ganz anderen Welt entstamme, einen ganz anderen Lebenssinn lebe, daß ich Gott als Selbstverständlichkeit in mir habe. Ihr Mann Achab, Israels König, sagt in seinem Namen, daß »der Vater der Bruder« ist. Er verkehrt mit dem Vater auf der gleichen Ebene, in der er selber lebt. Die andere Welt, meint er, erreicht man schon durch ein Ausweiten der Grenzen. Er weiß nichts vom prinzipiellen Sprung in die andere Dimension. Denn der Vater ist das Geheimnis, die Herkunft und die Zukunft · Isebel ist Achabs Erscheinung. Er holte sie sich von Zidon, der nördlichen Seite, der Seite der Gefahr, der Verführung durch das Harte, Materielle, Einfangende. In der Welt sind beide sehr angesehen, denn sie halten sich an die Gesetze der Welt. Wie edelmütig zum Beispiel Achab seinen Feind, den König Ben-Haddad, behandelt! Ohne Rücksicht auf die Worte Gottes vom Sinn der Feindschaft zu nehmen! Entstammt sie nicht dem Neid nichtgönnender Engel? Sind Feinde hier da, damit man sie höflich behandelt? Eigentlich ist der Feind *in* uns; deshalb soll man nicht so höflich mit ihm verkehren. Er wird sonst zur Schlange, die, während man sie am Busen wärmt, ins Herz beißt · Und die Geschichte mit Naboths Weinberg! Achab und Isebel können nicht verstehen, daß alles, was wir erfahren, vom Ewigen herkommt. Vom Jenseits gehört Naboth der Weinberg. Und sie lösen den Konflikt irdisch. Irdisch kann man immer das beweisen, was man möchte und was einem paßt. Irdische Zeugen tun, was man erwartet, und nicht einmal in böser Absicht. Das Irdische ist unbewußt beeinflußbar. Diese irdische Logik enthält schon das Blut-lecken der Hunde. Logik, Wissenschaft. »Wenn das nicht Mist ist«, lautet eine Lesart des Namens Isebel. Und diese könnte anderes als meine Feindin sein? Ich kenne schon ihr Ende.

Königin Isebel, Elias Todfeindin

Und siehe, der Ewige zog vorüber; und ein Wind, groß und stark, Berge zerreißend und Felsen zertrümmernd vor dem Ewigen – nicht in dem Winde war der Ewige; und nach dem Winde ein Erdbeben – nicht in dem Erdbeben war der Ewige; und nach dem Erdbeben Feuer – nicht in dem Feuer war der Ewige; und nach dem Feuer ein Ton sanften Säuselns. Und es geschah, wie Elia das hörte, da verhüllte er sein Angesicht mit seinem Mantel, und ging hinaus, und trat an den Eingang der Höhle, und siehe, eine Stimme ward ihm und sprach: Was hast du hier, Elia?

1 KÖNIGE 19, 11 – 13

Wunder geschehen mir, und ich weiß, wie das Achab und Isebel beunruhigt und herausfordert. Sie töten unsere Propheten, weil sie ein Wort von Gott nicht ertragen. Sie haben eigene Propheten, die sagen, was sie erwarten und hören möchten. Propheten im linearen Sinn, wie die Wissenschaft und ihre Konsequenzen, bis in den Rausch hinein. Es ist eine sehr ernste Sache, daß sie alle Propheten, die das Wort Gottes leben, umgebracht haben. Ich bin der einzige noch, der letzte. Und gerade weil sie von der Welt so begeistert aufgenommen werden, hetzen sie hinter mir her, um mich umzubringen · Sie verstehen meine Beziehung zu Gott nicht, halten sie für Magie oder Betrug. In ihrer Welt kann ich nicht leben, ich verstumme. So ziehe ich in den Süden. Hinab von Israel im Norden, hinauf nach Juda im Süden, hinauf in den Traum, hinauf ins Jenseitige. Von dort weiter hinauf in die Wüste. Ist sie nicht, wie ihr Name sagt, der Ort des Gespräches? Es ist das Gespräch mit Gott. Ein stilles Erleben dieser Konfrontation. Stille, überlagert vom Lärm der Welt, Lärm Isebels, ich höre es und höre es nicht. Ich nehme den Sturm wahr, das tumultöse Geschehen der Welt: Empfänge, Kriege, Politik, Sport, Gesellschaft, Streit, Zusammenbruch. Und ich nehme das Beben wahr, Erschütterungen des Weltbildes, Getöse wissenschaftlicher Auseinandersetzungen, Revolutionen, die der Welt ein neues Gesicht geben. Aber in all dem habe ich Gott nicht gefunden. Dann kommt das Feuer. Aber auch dort ist Gott nicht. Das Feuer zeigte mir die Relativität des Weltgeschehens. Was ist schon der Wert der Dinge im Alltag, wenn man doch mit Milliarden Jahren rechnen muß, im Weltall sogar mit Jahrmillionen Lichtjahren? · Dann erst, in dieser nahezu unhörbaren, nichtbewußten Stimme war Gott · Was gehen mich Achab und Isebel an! Ich ziehe zurück nach Norden in die Welt des Konkreten. Jetzt weiß ich, all diese Feinde werden untergehen. Andere Könige kommen, ich lebe hier weiter in Elischa, bin durch diese Erfahrungen eigentlich ewig geworden. So habe ich es von Gott und den Engeln vernommen.

Elia
auf dem Weg zum Horeb

Und es geschah, da der Ewige den Elia auffahren ließ in der Wetterwolke gen Himmel, gingen Elia und Elischa von Gilgal... Und es geschah, als sie fortgingen und redeten, siehe da, ein Feuerwagen und Feuer-Rosse, die trennten beide, und Elia fuhr auf in einer Wetterwolke gen Himmel. Und Elischa sah es und schrie: Mein Vater! Mein Vater! Israels Wagen und seine Reiter! Aber er sah ihn nicht mehr. 2 KÖNIGE 2, 1..., 11 – 12

Man redet in der Welt vom Grab und meint ein Verschwinden des Menschen in der Erde. Beim Gedanken daran ist mir gar nicht wohl. Er paßt auch nicht zu meinem Namen, der den zusammengefaßten Sinn meines Lebens ausdrückt. Hat ein Grab mit froher Botschaft Gemeinsamkeit? Ich bringe auch keine Kunde vom Sterben. Sogar der erlebte gestrige Tag ist nicht tot und begraben, sondern aufgegangen in die Ewigkeit · Wie aber sage ich es, damit der Mensch es versteht? Euer Leben in der Zeit fließt wie ein Fluß. Es muß weiterfließen, sonst gibt es unangenehme Stauungen. Dem Wasser gegenüber seht ihr Feuer. Feuer läßt nichts fließen, sondern ergreift und verzehrt die Existenz des Ergriffenen. Es verzehrt aber auch sein Gefängnis. Denn die Form, in der man gefangengehalten wird, bewegt sich in der Zeit wie eine Welle im Wasser · Woher aber stammt die Form? Form aus Form, Gefangenschaft aus Gefangenschaft – das wäre sinnlos. Die Form, das Leben, der Körper stammen von der Freiheit, vom Ge-schenk Gottes. Er ist der Spender, aus seinem Wort kommt die Form. Das Wort ist frei, es kann jede Form hervorbringen. Und diese Freiheit erlaubt euch, eure Anwesenheit auch in der Quelle zu genießen · Im Feuer also ist, im Gegensatz zum Wasser, alles auf einmal enthalten. Feuer läßt Wasser austrocknen, aber Wasser löscht Feuer. Mose sieht im Feuer die Form erhalten. Im Ewigen sind die Zeit und die Formen in der Zeit mit anwesend. Ich bringe euch gute Nachricht, indem ich euch zeige, wie man den Geschmack vom Sterben und Begrabenwerden vermeiden kann. Geht doch schon im Leben hinüber! Das meine ich wörtlich, denn ich bin nicht gestorben. Ihr wißt, von mir werden immer Geschichten erzählt, zu allen Zeiten und an allen Orten. Sieht man dabei etwa meine Form und Gestalt mit Augen? Aber im Erzählen der Geschichten bin ich doch da. Geschichten sind hartnäckig. So aber lebt auch ihr ewig. Die Form der Welt, des Wagens, der Pferde ist da. Aber ewig, frei von der Angst unterzugehen. Im Feuer bleibt der Dornbusch bestehen; im Ewigen bleibt unser Leben wie der Dornbusch im Feuer. Das ist die gute Nachricht, die ich euch bringe. Wenn ihr das glaubt, werdet ihr auch den Messias, den Sohn Davids, erleben.

Elia
vor der Auffahrt

Höret mir zu, ihr Eilande, und horchet auf, ihr Völker von Ferne. Der Ewige hat mich berufen vom Mutterleibe an, von dem Schoße meiner Mutter an ausgesprochen meinen Namen.
JESAJA 49, 1

Warum sind meiner Einsicht Schranken gesetzt? Meine Gefühle vom wahren Lebenssinn werden ständig durch Gedanken abgelenkt, die sich schon bald als trotzig und eigensinnig erweisen. Könnte ich meinem Leben klar gegenübertreten – das spüre ich doch –, wäre alles leicht und menschlich, menschlich sogar im Sinne von göttlich. Die Natur ohne die Last des Denkens hat es leicht. Sie steht direkt in Beziehung zu Gott, da gibt es kein Abweichen, da wirkt ein tiefes Geheimnis. Der Mensch aber könnte dem Leben überall diesen neuen Sinn geben: den Sinn von Ewigkeit, von Liebe. Dazu ist doch die Schöpfung, die neue Schöpfung da. Der Mensch kann der Welt Liebe schenken, zu dieser Freiheit ist er erschaffen. Freiheit aber ist göttlich. In dieser Freiheit kann er also auch alles ablehnen. Er kann sich Natur und Schöpfung gegenüber sogar zerstörend verhalten · Die Liebe aber dennoch zu retten, kommt der Messias. Bei ihm ist alles, was in der Natur als göttliches Gesetz herrscht, selbstverständliches Verhalten in Freiheit und Liebe. Er ist das Vor-Bild, er ist der Mensch, wie Gott ihn gedacht und um dessentwillen er die Welt und das Leben geschenkt hat. Man wird ihn nicht verstehen, weil er gar nicht in die Schablonen der Welt paßt, die sich im Eigensinn des Nur-Gesetzmäßigen versteift hat. Seine Auseinandersetzung mit der Welt ist die für alle Zeiten entscheidende. Seine Art des Lebens ist die Gottes. Ist so etwas zu fassen, je zu leben? Der Mensch kennt seinen verborgenen Schatz nicht, er verzweifelt. Ich aber tröste, weil ich von diesem Messias weiß. Am Ende wird man den Sinn des Ganzen einsehen. Eine neue Erde, eine neue Welt wird sein. Gott kann es nicht anders gedacht haben, er erzählt es mir doch, wenn ich spreche oder schreibe · Was rede ich von den Menschen. Geht es nicht eigentlich um mich? Wer bin *ich*? »Die Hilfe, die Rettung ist vom Herrn«, sagt mein Name. Ist der Messias nicht im Konkreten da, wenn mir mein Name klar ist? Der Herr hilft, heißt es; soll *ich* helfen? Wer bin ich? Du bist es ja, ich habe dich bei deinem Namen genannt. Wer sagt das? Unausdenkbar: Der Mensch im Bild und Gleichnis Gottes sagt es.

Jesaja

Bevor ich dich gebildet im Leibe, kannte ich dich, und bevor du gekommen aus dem Schoße, habe ich dich geweiht, zum Propheten für die Völker dich gesetzt. Und ich sprach: Ach, Herr o Gott, siehe, ich weiß nicht zu reden, denn ich bin jung. Und der Ewige sprach zu mir: Sprich nicht, ich bin jung; sondern überall, wohin ich dich sende, gehe, und alles, was ich dir gebiete, rede.

JEREMIA 1, 5 – 7

»Erhaben ist der Herr«, heiße ich. Und hieß schon so, bevor es eine Schöpfung gab. Im Vorher ist alles schon vorbereitet. Aber wir sehen es nicht, damit wir aus unserer Freiheit lieben oder ablehnen können. Schwer, das Lieben, denn es setzt einen Andern voraus. Wir sollten den Andern ertragen, mehr noch: die Liebe des Andern als Grundlage unseres Lebens erfahren! Also vom Andern abhängig sein. Und dieser Andere ist wiederum von uns abhängig · Für jeden aber ist dieser Andere Gott. Und dann muß ich sehen, wie man ohne ihn auskommen möchte. Untereinander will man alles regeln. Aber weil Gott fehlt, geht es auch nicht untereinander. Es gibt dann auch keine Liebe von einem zum andern. Wir wollen den andern überzeugen, ihm beweisen, daß wir besser sind. Und er denkt von sich das gleiche · Ich verstehe die Aufregungen nicht, die daraus hervorkommen. Der ohrenbetäubende Lärm dieser Jagd nach Glück! Aber Glück gibt es nur, wenn Ewigkeit als Quelle uns in der Zeit bewegt. *Hier* Recht haben? Das Hier ist doch immer in der Zeit begrenzt, da ist kein Ende der Diskussion, des Zerschneidens des Ganzen abzusehen. Diesem Krieg wird die Zeit geopfert, während wir doch in der Zeit das Ewige erkennen könnten. *Das* wäre Glück! · Da wir nicht zu uns selber finden, verlieren wir auch Gottes Wohnen in der Zeit. Wir schauen nur auf unsere Ehre, unser Prestige, und verlieren unsere Lebenszeit. Der Herr aber ist erhaben, er wohnt im Ewigen. Von dort schaut er verzweifelt auf den Lärm hinab. Um *das* streiten sie? Israel glaubt, in der Welt der Zeit seine Wichtigkeit beweisen zu müssen? Dann werden sie das Ersehnte gewiß hier auch verlieren. Israels Bedeutung kommt aus dem Ewigen, dem Verborgenen, dem Stillen. So verliert der Mensch auch Eden, das Glück. Der Mensch, Israel, fängt an, sich seiner in der Zeit bewußt zu werden, während er doch vom Ewigen, vom Heiligen her sein Bewußtwerden hier erfährt · Bei all der Aufregung vergesse ich mich selber. Ich sollte die Menschen sich selbst überlassen. Und ich kann's nicht. Deshalb leide ich. Ich und sie, wir sind eine Einheit. Auch im Leiden.

Jeremia

Und Jeremia berief Baruch, den Sohn Neria, und Baruch schrieb aus dem Munde Jeremias all die Worte des Ewigen, die er zu ihm geredet, in eine Buchrolle. Und Jeremia gebot dem Baruch also: Ich bin eingesperrt, vermag nicht in das Haus des Ewigen zu kommen. So gehe du und lies aus der Rolle, worauf du geschrieben hast aus meinem Munde die Worte des Ewigen, vor den Ohren des Volkes, im Hause des Ewigen, am Tage des Fastens, und auch vor den Ohren von ganz Juda, die aus ihren Städten kommen, lies sie. JEREMIA 36, 4 – 6

Gesegnet bist du!, sagt dein Name. Meine Worte sind ein reißender Strom, ungebändigt. Ich kann nicht anders, Ewigkeiten strömen in mich hinein. Du aber gibst meinen Worten Form, durch deine Bescheidenheit gibst du dem Göttlichen Raum. So ist die Form von Gottes Kraft gestaltet und nicht durch menschliche Vorstellungen, eigensinnige Gedanken und Konzessionen an zeitliche Auffassungen verzerrt · Heißt du nicht auch Sohn dessen, der »Leuchte des Herrn«, Neria, ist? Und Sohn von Machseja, »Schutz des Herrn«? So kommt das Licht vom Herrn in der Form deiner Worte mit, und so schützt der Herr *seine* Form, die reine, die göttliche. Entscheidend für alles, was in die Welt kommt, ist, daß es nicht auf dem Weg in die Welt verunreinigt wird. Unrein wird das Heilige, wenn es den Maßstäben des Zeitflusses unterworfen, wenn das vom Heiligen Erzählte in irdische Kausalität oder weltliche Form gefaßt wird. Daß du es rein wiedergibst, zeigt, daß du kein Gift von der Schlange beim Baum der Erkenntnis in dir hast. Denn die Schlange ist es, die dem Weltlichen das Primat vor dem Ewigen geben will. Und jeder Mensch hört auf die Stimme der Versuchung und fängt an, das heilige Geschenk umzuformen, zu deuten nach seinen Maßstäben, es eindeutig zu machen. Die falschen Propheten heißen doch Lügenpropheten, weil sie sagen, was für die Maßstäbe in Raum und Zeit passend ist. Ich aber sage nur, was Gott sagt, und das paßt den Menschen gar nicht. Deshalb ist es gut, daß du mein Schüler bist, ja, es ist entscheidend wichtig. Denn ich stehe an der Grenze von Welten: In meinem Leben ist das Haus Gottes da und auch nicht da · Übertrage meine Worte also rein, tue es der Liebe wegen und zeige, was Liebe vermag. Dann wirst du das Vor-Bild der Schreiber sein. Du weißt, woher das Wort kommt. Deshalb heißt du der Gesegnete. Denn im Segen sind das Heilige und das Weltliche in einer Einheit im Gegensatz gebunden.

Baruch

Da ging Ebedmelech aus dem Hause des Königs, und sprach zu dem Könige also: Mein Herr, o König, schlecht gehandelt haben diese Männer in allem, was sie an Jeremia, dem Propheten, getan, den sie in die Grube geworfen... Da gebot der König dem Ebedmelech, dem Kuschi, also: Nimm mit dir von hier aus dreißig Männer, und bringe Jeremia, den Propheten, aus der Grube herauf, bevor er stirbt. Und es nahm Ebedmelech die Männer mit sich und ging in das Haus des Königs unterhalb des Schatzes, und nahm von dort abgelegte Lappen und zerfallene Lumpen, und ließ sie zu Jeremia in die Grube hinab an Stricken. ... Und sie zogen den Jeremia an Stricken herauf aus der Grube ...

JEREMIA 38, 8 – 13

Daß *alle* gegen einen sein können! Und wie leicht geschieht das. Jetzt erlebe ich, Jeremia, was Masse ist. Eine blinde Kraft, vom Bösen gelenkt. Einsicht ist etwas Persönliches. Einer Masse ist Einsicht schwer zu übertragen. Masse reagiert nur auf Emotionen, vor allem, wenn sie aus Neid und Haß hervorkommen. Gleich gruppiert sich eine Vielheit um einen solchen Kern · Das bloße Nennen meines Namens irritiert sie schon. Dabei sage ich doch nur, man brauche sich über die Dinge des Alltags nicht so aufzuregen, denn das Leben sei ewig. Aber sie *wollen* sich aufregen, wollen schreien, toben, lügen, betrügen. Das Böse braucht es, es ist seine Nahrung · Was ist ihre Aufregung? Sie wollen Babel keinen Tribut zahlen, sie wollen sich auflehnen, sie wollen einen Pakt mit Ägypten schließen. Gescheit wollen sie sein, Politiker. Dabei geht es doch um den Bestand des Hauses Gottes, *das* ist das Leben, der Sinn des Lebens. Das ist die Verbindung von Zeit und Ewigkeit, die ewige Ehe, die ewige Liebe. Was bedeutet da schon Babel oder Ägypten! Keiner scheint zu ahnen, daß jetzt schon und hier Ewigkeit ist · Ich wäre untergegangen, wenn nicht Ebedmelech, dieser »Knecht des Königs«, ein Kuschite, eingegriffen hätte. Er hörte mir zu, er verstand mich, er zeigte Treue. Wer hätte das je gedacht? Ich richtete mich an den König, an die Weisen Israels, aber die wissen weder, was ich sage, noch, was sie tun. Für sie müßte ich längst gestorben sein. Aber der Fremde hört mir zu. Er ist ein Bescheidener. Er baut nicht auf sich selbst. Bescheiden ist er, wie das Gras des Feldes, worauf Welt und Leben beruhen. In ihm lebt verborgen die Beziehung zum Geheimnis Gottes. Wandte sich Mose deshalb auf seiner Flucht erst nach Kusch? · Ebedmelech, du bist Diener des Königs der Welt. Durch dich hat sich mir die Welt geöffnet. Durch dich verbindet sich jetzt das eine Äußere mit dem anderen. Bei dir habe ich das Geheimnis der Bescheidenheit erfahren, und das hat mein Leben gerettet.

Ebedmelech

> ...und der Ewige vermehrte alles, was dem Hiob gehörte, zwiefach. ... Und der Ewige segnete das Ende Hiobs mehr als seinen Anfang...
> HIOB 42, 10, 12

Fast alle halten mich für einen unglückseligen Pechvogel; aber daran, glaube ich, sind die Leute selber schuld. Sie empfinden sich nämlich selbst als Pechvögel und sind froh, einen zu haben, auf den sie ihre Lebensgefühle projizieren können · Nun, ich habe tatsächlich im Leben manches Böse und Unerklärliche erlebt. Wer hat das nicht? Aber mir wurde am Ende auch klar, daß all das Böse dem geschieht, der das Leben selbst zerteilt, und dann den Teil, den er mit seinen Sinnen übersehen kann, zum ganzen Leben proklamiert. Vor dem anderen Teil ängstigt er sich nur, denn er entzieht sich seiner nach Sinneswahrnehmung rechnenden Vernunft. Und was mit den Maßstäben dieser Sicht nicht erklärt werden kann, nennt er sinnlos oder sogar böse. Ich aber glaube, der Satan macht, indem er sich einem behaglich abrollenden Schicksal entgegenstellt, nur auf die Anwesenheit der anderen Seite aufmerksam. Die Sinne kennen nur die zeitlich erscheinende, die meßbare Seite. Die andere Seite ist das Gegenüber. Das hier von den Sinnen Begrenzte ist dort unermeßlich · Ich hatte Angst vor der anderen Seite. Ich dachte immer an all das, worin ich versagen könnte. Daher konnte ich nie richtig die Freude genießen. So zog ich das Pech förmlich auf mich. Wie die Menschen in der Welt auch immer an ein schreckliches Ende denken. Sie sehen nur die eine Seite des Lebens. Und diese eine Seite endet, weil die andere ewig ist. Würden sie von der anderen Seite, der ewigen, ausgehen, erschiene die zeitliche Seite in ganz anderem Licht. Dann wäre ihnen doch gegenwärtig, daß alles in Ewigkeit mit dem neuen Jerusalem, mit der Auferstehung der Toten endet. Weggenommen wird nur die einseitige Sicht der Sinne, und man erfährt, wie schrecklich dumm es ist, sich an die eine Seite zu klammern. Derart schwelgen die Menschen im Bösen dieser einen Seite, daß sie gar nicht weiter schauen. Durch ihren Masochismus ist ihnen der Weg zum Ewigen abgeriegelt · Nach meiner Auseinandersetzung mit Gott erhielt ich doch alles *doppelt* zurück: diese *und* die andere Seite. Das vergißt man meist, weil man selbst in dieser einen Seite gestrandet ist. Mein Name sagt, daß ich mein eigener »Feind« war, weil ich nur die eine Seite kannte · Freunde, seid fröhlich! Es ist wirklich alles *sehr* gut! Schaut euch nicht immer im Spiegel des Leids an, sondern greift zum Spiegel der Freude, die ich jetzt ewig erlebe!

Hiob

Da sprach sein Weib zu ihm: Noch hältst du fest an deiner Schuldlosigkeit? preise Gott und stirb! Da sprach er zu ihr: Wie eine der Niederträchtigen redet, so redest du! Das Gute wollten wir annehmen von Gott, und das Böse wollten wir nicht annehmen?

HIOB 2, 9 – 10

Man nennt mich zuweilen spöttisch eine Plage für meinen Mann; alles, sagt man, wurde ihm genommen, nur mich ließ der Böse bei ihm bleiben, um ihm sein Leiden noch durch meine Anwesenheit zu verdüstern. Gewiß, als er alles verloren hatte und das Leid dann sein Selbst, sein tiefstes Wesen in dieser Welt ergriff, habe ich ihm nichts anderes sagen können, als jetzt von einem Sinn des Lebens in dieser Welt abzusehen, es einfach sein zu lassen. Mit dem Sterben würde er, als gerechter Mensch, schon seinen Platz im Himmel erhalten. Aber *hier*? Er hat es doch selbst erlebt, er war der beste Beweis, daß es sich hier nicht lohnt · Er aber war entrüstet und nannte meine Rede niederträchtig. In seinem Leben, meinte er, sei doch auch so manches Gute gewesen, das wir beide voll genossen hätten. Und jetzt wolle er doch zumindest den Sinn des Bösen, das ihn überkommen habe, einsehen. Aber alle Überlegungen mit seinen Freunden führten zu keinem sinnvollen Schluß. Erst Gott hat ihm alles gezeigt. Nur Gott kann das. Wie hätte ich als Frau anders reagieren können? Ich bin doch die Entsprechung des Körpers, also abhängig von Geist und Seele. Die Frau braucht zur Erfüllung ihren Mann. Ich bin so, weil der Körper sich so verhält. Er quält, peinigt, plagt. Er versteht das Komplizierte des Leids einfach nicht. Nicht, weil er etwa dumm ist; das sagen die Männer nur immer gern. Der Körper vielmehr weiß schon von vor der Schöpfung her, daß er ewig ist, daß er auferstehen wird. Und da er vom Mann, von der Seele abhängig ist, schmerzt er, klagt er. Vielleicht sollte man mehr darauf achten, was der Körper sagt. Die Frau macht den Mann; sie birgt das Geheimnis des Ewigen. Deshalb trägt sie doch auch die irdische Frucht, mit der dem Tod gezeigt wird, daß das Leben *doch* weitergeht · Ich war die Erste im Gespräch. Dann kamen die drei Freunde und Elihu. Als Letzter kommt Gott, er beschließt das Gespräch. Wenn der Körper anfängt sich zu melden, denkt dann immer daran, daß am Ende Gott spricht! Und dann kehrt alles doppelt zurück. Zeitlich und ewig. Und weil der Körper, die Frau so entscheidend wichtig ist, erhalten nur unsere drei Töchter am Ende Namen. Am Ende ist der Körper und alles, was er erlebt, in seiner Ewigkeit da. Ehret also die Frau und ihr Ewigkeitswissen!

Hiobs Frau

Friedrich Weinreb

Geboren 1910 in Lemberg. Nach dem Studium der Nationalökonomie und Statistik in Rotterdam und Wien war er von 1932 bis 1942 anfangs als Wissenschaftlicher Mitarbeiter am Niederländischen Ökonomischen Institut, später als Forschungsleiter und Dozent in Rotterdam tätig. Während der Besetzung der Niederlande durch die Nazis leistete er aktiven Widerstand, kam ins Lager, konnte fliehen und lebte im Untergrund. Von 1952 bis 1964 Lehrtätigkeit an verschiedenen Universitäten, u. a. in Djakarta, Kalkutta und Ankara. Experte am Internationalen Arbeitsamt und bei den Vereinten Nationen in Genf. Bis 1961 zahlreiche Publikationen auf dem Gebiet der mathematischen Statistik und der Konjunkturforschung.

Die schon in frühen Studienjahren einsetzende Beschäftigung mit den Quellen des alten jüdischen Wissens, wozu aufgrund der chassidischen Herkunft eine starke persönliche Beziehung bestand, fand in seinem Buch »De Bijbel als schepping«, Den Haag 1963 (deutsch – gekürzt –: »Der göttliche Bauplan der Welt«, Zürich 1965), ihre grundlegende Zusammenfassung. Seither widmet sich Weinreb ausschließlich der jüdischen Überlieferung und schriftstellerischer Tätigkeit. Ständige Vortragsreisen im In- und Ausland. 1973 übersiedelte er nach Zürich; dort lehrt er an der Schweizer Akademie für Grundlagenstudien und Quellenforschung.

Weitere Werke in deutscher Sprache:

Die Rolle Esther, 1968 (Origo) · Die Symbolik der Bibelsprache, 1969 (Origo) · Das Buch Jonah, 1970 (Origo) · Hat der Mensch noch eine Zukunft?, 1971 (Origo) · Die jüdischen Wurzeln des Matthäus-Evangeliums, 1972 (Origo) · Begegnungen mit Engeln und Menschen. Autobiographische Aufzeichnungen 1910 – 1936, 1974 (Origo) · Vom Sinn des Erkrankens, 1974 (Origo) · Leben im Diesseits und Jenseits, 1974 (Origo) · Wie sie den Anfang träumten, 1976 (Origo) · Zahl, Zeichen, Wort. Das symbolische Universum der Bibelsprache, 1978 (Rowohlt) · Wunder der Zeichen – Wunder der Sprache, 1979 (Origo) · Traumleben. Überlieferte Traumdeutung, 4 Bände, 1979 – 1981 (Thauros) · Buchstaben des Lebens, 1979 (Herder) · Die Wurzeln der Aggression, 1980 (Thauros) · Selbstvertrauen und Depression, 1980 (Thauros) · Gedanken über Tod und Leben, 1980 (Origo) · Zeichen aus dem Nichts, 1980 (Thauros) · Autobiographische Notizen zu Vorträgen und Veröffentlichungen 1928 – 1980 (Thauros) · Legende von den beiden Bäumen, 1981 (Origo) · Der Krieg der Römerin. Erinnerungen 1935 – 1943. 2 Bände, 1981/82 (Thauros) · Die Astrologie in der jüdischen Mystik, 1982 (Thauros).

Einer kompletten Dokumentation der Vortragstätigkeit Friedrich Weinrebs in Form von Tonbandkassetten widmet sich das ISIOM Weinreb Tonarchiv, Loorenstraße 9, CH-8053 Zürich; Verzeichnisse und Kassetten sind dort erhältlich.

Christian Schneider

Geboren 1944 in Neiße/Oberschlesien. Während des Studiums von Germanistik, Philosophie und Kunstgeschichte an den Universitäten Freiburg im Breisgau und Wien waren Gerhart Baumann, Bernhard Welte und Piero Rismondo richtungweisende Lehrer. Von 1967 bis 1977 als Lektor, Lexikonredakteur und schließlich Verlagsleiter in verschiedenen Verlagen tätig. Während dieser Zeit entstanden zahlreiche literarische Essays für den Rundfunk, u. a. über Kafka, Musil, Jean Paul, Paul Celan, Venedig. Die Begegnung mit Friedrich Weinreb und der durch ihn eröffneten Welt der jüdischen Überlieferung führt 1978 zur Gründung des Thauros Verlages in München. Seither als Verleger, Herausgeber und Schriftsteller tätig.

Emil Wachter

Maler, Graphiker, Bildhauer. Geboren 1921 in Neuburgweier/Baden. Studium der Philosophie und Theologie in Freiburg/Br., dazwischen von 1941–1946 Soldat in Rußland und Frankreich einschließlich Kriegsgefangenschaft. Während des Theologiestudiums und danach Studium der Malerei und Bildhauerei in München und Karlsruhe mit längeren Aufenthalten in Frankreich, vor allem Paris. 1952 Staatsexamen und beginnende freie Tätigkeit und Reisen in Schweden, Frankreich, Spanien und Portugal. 1954 Sommer in Schweden. Dort vehementer Beginn des Aquarells, das seither neben der Zeichnung ein Hauptstrom künstlerischer Arbeit geblieben ist.
1958–1963 Lehrtätigkeit an der Akademie Karlsruhe. Danach freischaffender Künstler; intensives Öl-malen, graphische Zyklen, Aufträge in Gobelin, Glas- und Wandmalerei. Viele öffentliche Arbeiten im In- und Ausland, von denen vor allem die Reliefzyklen in Beton mit der Architektur zusammen jeweils geschlossene Bilderwelten darstellen: St. Kilian, Osterburken, 1971–1974; St. Elisabeth, Landau/Pfalz, 1974/75; Ökumenisches Zentrum St. Jakobus, Frankenthal, 1976/77; St. Ludwig, Ludwigshafen/Pfalz, 1977–1981; Autobahnkirche Baden-Baden, St. Christophorus, 1976–1979; Schloßbergsteg, Freiburg/Br., 1979; Adveniat-Kapelle im Dom zu Essen, 1981/82.
Ausstellungsbeteiligungen und Einzelausstellungen in vielen europäischen Ländern und in Amerika; Arbeiten in wichtigen öffentlichen und privaten Sammlungen.
»Emil Wachter hat die christliche Kunst wieder öffentlich gemacht«, resümierte eine christliche Wochenzeitung.

Buchveröffentlichungen Wachters:

Genesis, 1970 (Herder); Osterburken St. Kilian – Eine Bilderwelt in Beton, 1974 (Autorenverlag); Höri. Porträt einer Landschaft in Zeichnungen und Aquarellen, 1977 (Stadler); Paare der Bibel, 1978 (Kath. Bibelwerk); Weinreb hören und sehen. Handzeichnungen, 1980 (Thauros); Die Bilderwelt der Autobahnkirche Baden-Baden, 1980 (Herder); Skizzen zu Matthäus, 1981 (Walter).

Bildnachweis

Bei den Farbabbildungen handelt es sich um Aquarelle mit Aquarellstift; die Zeichnungen sind in Lithokreide ausgeführt. Bildmaße der Originale (in cm) und Datierung:

Kain 27x19,8 (1981), Terach 29,6 x 21 (1977), Abraham 32,8 x 25,2 (1981), Abraham mit Isaak 43,4 x 35 (1969), Abraham und Isaak 31,6 x 24,4 (1977), Lot 29,7x 21 (1977), Esau 29,8 x 21 (1977), Jakobs Abschied von Rebekka 25 x 18,7 (1977), Rahel 27,8 x 21,4 (1980), Rahel, schwanger 55,6 x 25,5 (1969), Jakob nach dem Kampf 29,7x 21 (1966), Jakob-Israel 28,5 x 15,3 (1977), Jakob-Israel 47,7x 24,5 (1972), Dinah 47,7x 35,9 (1972), Tamar 29,7x 21 (1977), Joseph 29,2 x 41,7 (1973), Juda 29,7x 21 (1977), Mose sieht 20,9 x 14,5 (1979), Mose empfängt 29,1 x 16,3 (1975), Pharao 34,5 x 26,2 (1968), Bileam 35,5 x 21,5 (1981), Mose am Nebo 44,4 x 25 (1970), Kaleb 23 x 11,9 (1979), Jehoschua 28 x 24,6 (1979), Jaël 32,8 x 25,3 (1981), Manoachs Frau 21 x 14,5 (1979), Naomi 21,5 x 22,5 (1980), Ruth 22,5 x 21 (1980), Agag, König 29,6 x 21 (1977), Agag vor der Hinrichtung 29,6 x 21 (1977), Der junge David 47,7x 35,8 (1970), Sauls Eifersucht 21 x 29,6 (1977), David auf der Flucht 29,5 x 24,3 (1977), David bei den Philistern 33 x 25 (1981), Michal 33 x 25,5 (1979), Saul am Ende 41,2 x 29,5 (1970), David, König 56 x 44,3 (1970), Elia 29,7x 21 (1977), Isebel 33,5 x 24,5 (1980), Elia auf dem Weg 31,5 x 23,6 (1977), Elia vor der Auffahrt 42,8 x 30,5 (1970), Jesaja 28,2 x 21,8 (1980), Jeremia 29,6 x 21 (1977), Baruch 42,8 x 26 (1972), Ebedmelech 44,5 x 24,7 (1970), Hiob 25,8 x 16 (1977), Hiobs Frau 56 x 43,5 (1969).

Titelabbildung: Jesaja (Ausschnitt)

EMIL WACHTER
WEINREB HÖREN UND SEHEN
Handzeichnungen

FRIEDRICH WEINREB
AUTOBIOGRAPHISCHE NOTIZEN ZU VORTRÄGEN UND VERÖFFENTLICHUNGEN 1928 BIS 1980

Eine Festgabe für Friedrich Weinreb zum 70. Geburtstag mit einem vollständigen Verzeichnis seiner Vorträge zur jüdischen Überlieferung und einer Bibliographie.

Herausgegeben von Christian Schneider.

80 Seiten. Bibliophil gebunden. 1000 numerierte Exemplare, bis Nr. 500 vom Künstler signiert.
Format 34 x 24 cm. ISBN 3-88411-010-1.

Wie viele Vorträge! Gut, daß ich am Anfang nicht wußte, wie viele es werden würden. Ich wäre erstarrt. ... Und wieviel steckt noch in jedem Wort! Man könnte Ewigkeiten damit verbringen und immer käme Neues, Überraschendes! Das ist das Wunder dieser Worte: Sie sind aus einer anderen, einer ewigen Welt. Ich weiß noch, daß ich mich damals vor etwa 35 Jahren fragte, wie es möglich ist, daß mir solche Wunder geschehen... Ich erfuhr auch Dinge, die ich später in den Quellen wiederfand; es gab also eine Quelle der Quellen!...

Friedrich Weinreb

Pressestimmen

Emil Wachter läßt in treffsicheren Skizzen den, der sehen und hören will, aufhorchen und hineinschauen in das innere Leben des aus dem jüdischen Chassidismus geprägten Schicksals... Aus der flüchtigen Eile des Augenblicks motiviert, entwirft Emil Wachter die Welt von heute und das Leben von Friedrich Weinreb. Weinreb erzählt. Wachter hält in äußerst sparsamen Strichen mitten im Fluß des Erzählens das Bleibende fest.

Schwäbische Zeitung